广东省高校教学团队《警务体能教学团队》建设项目成果

广东省高等教育教学研究和改革项目《警察体能教学质量保障与监测体系研究》成果

广东省教育教学成果奖培育项目"基于胜任力模型的警察体能教学质量评价体系研究"成果

青少年运动员
体能训练方略研究

田学礼 著

吉林出版集团股份有限公司
全国百佳图书出版单位

图书在版编目（CIP）数据

青少年运动员体能训练方略研究 / 田学礼著 . -- 长春 : 吉林出版集团股份有限公司 , 2020.8

ISBN 978-7-5581-9050-6

Ⅰ.①青… Ⅱ.①田… Ⅲ.①青少年—运动员—体能—运动训练 Ⅳ.① G808.1

中国版本图书馆 CIP 数据核字（2020）第 161502 号

青少年运动员体能训练方略研究

QINGSHAONIAN YUNDONGYUAN TINENG XUNLIAN FANGLUE YANJIU

著　　者	田学礼	
责任编辑	冯　雪	
封面设计	崔　蕾	
出　　版	吉林出版集团股份有限公司	
发　　行	吉林出版集团社科图书有限公司	
电　　话	0431-81629712	
印　　刷	三河市铭浩彩色印装有限公司	
开　　本	787mm×1092mm　1/16	
字　　数	228 千	
印　　张	12.75	
版　　次	2021 年 5 月第 1 版	
印　　次	2021 年 5 月第 1 次印刷	
书　　号	ISBN 978-7-5581-9050-6	
定　　价	86.00 元	

前　言

体能训练研究一直是体育研究领域的热点话题之一,而青少年运动员则是我国体育事业发展的重要力量,因此对青少年体能训练的研究就显得尤为重要。体能训练属于运动员运动训练体系中的重要内容,是发展和提高运动员竞技能力的重要途径。通过体能训练,能有效增强人体的肌肉耐力、心肺功能、身体敏捷度乃至自信心。由此可见体能训练的重要性。

体能是竞技体育中运动员竞技能力的主导因素,它是运动员技术、战术等能力的重要基础,只有在良好的体能下,一切技术与战术行为才能得到有效的开展。可以说,体能是技战术训练的重要基础,能很好地培养运动员坚忍不拔、吃苦耐劳的心理品质,还能有效预防运动损伤,保证运动训练和比赛的顺利进行。

人的体能素质主要包括力量素质、速度素质、耐力素质、柔韧素质和灵敏素质等几个方面,科学的体能训练对青少年运动员运动能力的提升具有举足轻重的作用。因此制定一个科学的体能训练方案或计划是尤为重要的。由于每一个运动项目特点不同,对运动员体能的要求也存在着一定的差异,这就是一般体能与专项体能的区别。因此,从事不同运动项目的青少年运动员要针对运动项目的特点展开有针对性的专项体能训练,这样才能有效促进体能水平的提升。

本书严格遵循青少年体能发展的规律与特点,科学地设计青少年运动员体能训练的方法与策略,主要包括理论与实践两个部分的内容。其中理论部分主要涉及青少年身心发展及竞技能力结构、青少年运动员体能训练的科学理论与运动机制两个部分。重点研究与分析了青少年运动员的身心发展特征、各项群运动员的身体形态特征、青少年体能发展的影响因素、青少年运动员的竞技能力结构等内容。关于青少年运动员体能训练的科学理论方面,则细致地研究与分析了运动员体能与技能的关系、运动员运动素质的转移、运动员体能训练的路径与方法、运动员体能训练的控制等多方面的内容,能帮助青少年运动员深刻理解体能训练的内涵与价值,从而从思想上更加重视体能训练。在实践方面,全面细致地研究与分析了青少年运动员的各项体能素质,设计了体能训练的方法与策略。主要涵盖力量素质训练、速度素质训练、耐力素质训练、柔韧素质训练和灵敏素质训练等方面的内容。除此之外,还对青少年运动员的功能性体能训练、各运动项目运动员的体能训练进行了研究与分析,能帮助青少年运动员有效地提升自己的体能水平。

本书非常重视理论与实践的结合,关于青少年运动员体能训练理论的研究深入而透彻,关于青少年运动员体能训练方法的设计通俗易懂,便于运动员理解和训练,对于青少年运动员参加体能训练具有重要的指导作用。

本书在撰写的过程中参考和借鉴了大量的有关体能训练方面的书籍和资料,在此向有关专家及学者致以诚恳的谢意。当然,由于时间和精力有限,不足之处在所难免,恳请广大读者批评指正!

作　者

2020 年 7 月

目　录

第一章　青少年运动员身心发展与竞技能力结构

处于青春期的青少年,其身心发展有着显著的特征,把握这些特征对于安排青少年运动员的运动训练具有重要的意义。在青少年运动员身心发展的过程中,其身体发展特征主要表现在身体形态、身体机能与身体素质三个方面;而心理发展特征则主要表现在认知能力与社会性发展两个方面。除此之外,了解与把握青少年运动员的竞技能力结构对于其科学的运动训练也具有重要的指导意义。本章就重点对以上内容展开研究与分析。

第一节　青少年运动员身心发展特征

下面主要从青少年运动员的身体形态、身体机能、身体素质三个方面来研究与分析其身心发展的基本特征。

一、青少年运动员身体发展特征

（一）身体形态特征

青少年运动员正处于青春发育的时期,在这一阶段,青少年身高增长得非常迅速,速度之快是其他年龄段所不能比的。一般情况下,身高增长最快的两个年龄段为女子 17 岁、男子 19 岁。在这一年龄段,青少年的身高呈突飞猛进的增长趋势。在经过这一段时期后,青少年,包括男女青少年的身高增长速度放缓,在完成骨化后,人的身高便不再继续增长。

对于青少年的体重而言,一般情况下,男生在 20 岁、女生在 18 岁时体重逐渐稳定下来,不会再有突飞猛进的增长。伴随着青少年身高、体重变化的放缓,他们的胸围、头围、肩宽等身体指标也会发生一定的变化,总体来看基本都是趋于缓慢发展的趋势。处于青春后期的运动员,他们的身体形态得到了极大的完善与发展,身体体征非常明显。在这个年龄段,青少年运动员要十分重视身体素质的全面锻炼,除了参加专项体能训练和运动技能锻炼外,还可以在平时多参加一些田径、球类、游泳等活动,这样也能很好地增强自己的体能,促使自身运动器官的改善与发展,从而实现体能素质发展的目的。

（二）身体机能特征

青少年运动员身体机能发展特征主要体现在呼吸系统、心血管系统、运动系统、神经系统等几个方面。

1. 呼吸系统

在这一阶段,青少年运动员肺脏的横径和纵径处于不断增加的状态,肺泡体积在增大,相比女生,男生的特征更为明显。在青春期,青少年运动员的呼吸肌通常会呈不断增强的趋势,呼吸频率有所下降,而深度不断加大,在这样的情况下,青少年运动员的肺活量会不断增大,促使呼吸系统逐步完善与发展。一般情况下,女生的肺活量为 2 500 ~ 3 400 毫升,男生的肺活量为 3 400 ~ 4 000 毫升,对于青少年运动员而言,他们的肺活量普遍要高一些。要想提升自身的身体素质,保证运动训练水平,取得优异的比赛成绩,青少年运动员要在平时的训练中采取各种手段努力提高自身的肺功能,多参加一些耐力性训练,这样不仅能改善自身的呼吸系统,还能提高自身的耐力素质水平,而耐力素质则是青少年运动员从事一切运动所需要的基本素质。

2. 心血管系统

随着年龄的不断增长,青少年运动员的心脏收缩力量也呈不断增强的趋势,与此同时,青少年的心脏收缩压也会随之增高。在这一年龄段,青少年要注意运动训练负荷安排,最好不要进行大运动强度的训练,否则就容易造成运动损伤,甚至还有可能危害身体健康。尤其是在参加一些速度耐力性项目时,一定要选择合适的运动强度。随着青少年年龄的不断增长,教练员可以依据青少年运动员的具体实际和身心发展规律循序渐进地增加运动负荷,这样才能有效地提高身体素质,发展运动能力。

3. 运动系统

随着年龄的不断增长,青少年运动员身体骨骼中的水分会随之减少,而无机盐则不断增多,这就是骨化的发展进程。在这样的情况下,青少年的骨密度日益增加,变得越来越坚固,承受能力也不断增强。受性激素的影响,青少年运动员的肌肉纤维也会不断增粗,肌肉更加发达。通常情况下,青少年大约会在 20 ~ 25 岁左右完成骨骼的发育,30 岁左右发育基本完成。因此,处于青春期及青春后期的运动员一定要在平时的运动训练中注意骨骼和肌肉的发展,这对于其运动系统的完善与发展都具有重要的意义。

4.神经系统

通常情况下,人体神经系统是发展最早的系统,人们平时所做出的各种动作都是在神经系统的支配下进行的。儿童在六七岁时脑重量已经达到成人的 90%,之后发展速度就会慢慢放缓。人体的脑重量仅仅增加了 10%,约 1 400 克。对于青少年而言,他们的脑细胞发展正处于一个上升发展的时期,他们在智育教育,尤其是在接受丰富的专业课知识之后,皮层细胞数量不断增加,神经元联系也随之不断扩大,这极大地提高了青少年第二信号系统的最高调节能力,使得第一信号系统和第二信号系统之间取得较为完善的联系,这一不断完备的物质条件有利于促进青少年运动思维的快速发展。

因此,青春期是青少年运动员智力、思维能力和应用分析能力发展最为关键的时期。除此之外,青少年的内分泌活动也会在这一阶段有所变化,性腺活动不断加强,人体的神经系统变得越来稳定,在这样的情况下,女生比男生表现得更为明显。

（三）身体素质特征

据相关调查研究发现,人的身体素质的各项指标的发展具有一定的规律性,总体上来看,男性身体素质各项指标的增长高峰一般集中于 12 ~ 16 岁期间,速度素质除外;而女生身体素质的发展高峰期则是在 7 ~ 9 岁期间,在大约 10 年之后,女性的柔韧素质和耐力素质才会出现增长的高峰。

由此可见,在身体素质方面,男女呈现出明显的差异。通常情况下,到 19 岁以后,绝大多数人的身体素质都会呈现逐步下降的趋势。因此,作为一名专业的运动员,一定要在平时的训练中重视身体素质的全面发展与提高,这样才能为运动水平的提升奠定良好的身体基础。

二、青少年运动员心理发展特征

（一）认知发展

在青春期阶段,青少年运动员的认知水平提高得非常迅速,他们在平时的运动训练中积累了大量的知识,与此同时与人交往的能力也在不断提高,这就促使其认知水平得以不断提升。总的来看,青少年的认知主要是通过以下几个方面得以呈现的。

1. 观察的发展

在学龄阶段,少年儿童的观察能力还相对较弱,很多时候他们的观察都是处于无意识的情形之下,随着年龄的不断增长,青少年的观察能力进步非常明显。处于青春期阶段的青少年,其观察能力得到了非常大的提升,他们的观察开始变得有意识和更加精确。

2. 思维的发展

一般来说,处于学龄阶段的儿童,其思维能力还比较低下,基本上以经验型的逻辑思维为主,这一逻辑思维是比较感性的,需要一定的感性经验的直接支持才能形成一定的逻辑思维。与儿童的思维相比较,青少年的逻辑思维呈现出抽象性的特征,理论性更高,这说明青少年的思维能力相对于儿童而言获得了明显的提升。

3. 记忆的发展

处于青春发育期的青少年,其记忆力的发展主要呈现出以下两方面的基本特征。

一方面,青少年运动员在平时的学习与训练中主要是利用意义识记的手段来记忆。

另一方面,在青春发育时期,青少年运动员的有意记忆正处于一个最佳发展的阶段。

(二)社会性发展

青少年运动员的社会性发展特征主要体现在自我意识发展与社会性交往发展两个方面。

1. 自我意识发展

青少年运动员的自我意识发展主要包括以下三个方面。

(1)自我体验

对于很多青少年而言,受各种客观因素的影响,他们在平时的学习、生活和训练中常伴有一定的自卑感、自尊感以及成人感等感受和体验,这是其自我体验的重要表现。

①自卑感

有一部分青少年受家庭及环境等因素的影响,通常会流露出一定的自卑感,这属于青少年自我体验的一种重要表现。自卑感主要体现为对自己的轻视、怀疑和否定。经常感到自卑的青少年往往会将自己与其他同伴相比较,如果自己处于落后的局面,就会感到深深的自卑。

②自尊感

自尊感也是青少年自我体验的重要表现。它反映的是社会评价与个人自尊需要之间的相互关系。处于青春发育期的青少年通常都有强烈的自尊心,他们通常能尊重他人,同时也希望别人能够尊重自己,这样能从中获得一定的价值感。

③成人感

处于青春期发育后期的青少年,通常都有着强烈的独立的欲望,他们渴望有自己的空间与判断,希望成年人不要将自己当小孩看待,希望彼此之间是朋友的关系。成人感是处于青春期的青少年迫切所需要的一种自我心理体验感受,几乎每一名青少年都有这种感受。

(2)自我控制

一般来说,处于青春后期的青少年基本具备了自我控制的能力,自我控制的方式主要是由外部控制逐步向内部控制转变,从而能够对自己的心理变化有所主动掌握。这是青少年自我控制与发展的主要表现。一般来说,青少年在自我控制的方式由外部控制逐步向内部控制转变的过程中,他们已经可以以社会期望、条件、标准、要求的必要性和可能性为基本依据进行现实自我的判断与自我理想的确定,并能通过自身的努力将现实与理想不断拉近。作为一名运动员,一定要学会自我控制的能力,无论是平时的训练还是正式比赛之中,都要控制好自己的情绪,保证训练和比赛的顺利进行。

(3)自我评价

对于青少年运动员而言,他们具有很强的可塑性,除了教练员在平时的训练和比赛中对其进行评估之外,青少年运动员也要学会自我评价的能力。青少年的自我评价要注意以下几个方面。

①评价要主动、积极,独立自主地进行评价。

②在进行自我评价的同时,还要重视同伴对自己的评价,听取别人的意见和建议。

③多角度展开评价,评价的内容主要包括学习态度、道德素质等。

2.社会性交往的发展

社会性交往也是青少年运动员心理发展的一个重要特征。

（1）青少年与家长的交往

处于青春期的青少年,其自我意识非常强烈,他们渴望拥有自己独立的空间,想在一定程度上摆脱对父母的依赖,渴望积极投入到与人交往的社会关系中。

（2）青少年与同学的交往

在与同伴交往的过程中,青少年运动员通常都表现出积极乐观的心态。但需要注意的是,受青少年个性及其他客观因素的影响,青少年与同伴之间也会发生一定的摩擦和冲突,这是不可避免的。但需要注意的是,还是要尽量形成一个团结和谐的集体,这样才有利于营造一个良好的训练氛围,有利于青少年运动员之间的沟通与交流。

（3）青少年运动员与教练员的交往

处于青春期的青少年运动员,其天性都比较好动,有着强烈的个性,他们不太愿意受教练员的管束,对于一些硬性的规定或规章制度也表现出反抗的情绪,甚至有时还会做出一些过激行为。运动员与教练员之间的交流非常重要,这间接影响到青少年运动员的运动训练水平和比赛成绩的提高,因此要引起重视。

总之,在平时的运动训练中,教练员要高度重视学生的心理发展规律与特点,以此为重要的依据确定训练方案或组织训练活动。

一方面,教练员要十分重视青少年运动员的认知发展特点,在示范与讲解中使用大量的专业术语,提高运动员学习与训练的专业性。

另一方面,教练员要准确把握青少年运动员的心理发展,清楚地认识到青少年运动员的心理转折期,加强与青少年运动员的沟通与交流,尊重运动员的合理选择,要尽可能地满足运动员提出的各项训练要求,引导运动员积极参与运动训练并提高其自我解决问题的能力,这样能培养青少年运动员良好的社会适应能力,促进其自身的全面发展。

第二节　各项群运动员的身体形态特征

根据项群理论,不同项群运动员有着不同的身体形态特征,了解与掌握运动员的这些身体形态特征对于其参与运动训练具有重要的意义。下面主要阐述体能主导类与技能主导类各项群运动员的身体形态特征。

一、身体形态概述

（一）身体形态概念

身体形态是指人体外部与内部的形态特征。一般来说,反映人体外部形态的特征的指标主要有高度、长度、围度、宽度和充实度(体重、皮脂厚度等)等。反映内部形态的指标有心脏纵横径、肌肉的形状与横断面等。这些指标都能大体上反映出运动员的身体形态状况。

受环境及遗传因素的影响,人的身体形态呈现出不同的发展状况,其具体表现见表1-1。

表1-1 人的身体形态受环境与遗传因素影响的比重(%)

身体形态	男		女	
	遗传	环境	遗传	环境
身高	79	21	95	5
坐高	85	15	85	15
体重	50 ~ 63	37 ~ 50	42	58
去脂体重	87	13	78	22
头宽	95	5	76	24
头围	94	6	72	28
肩宽	78	22	78	22
胸宽	54	46	55	45
胸围	50	50	50	50
腰宽	79	21	63	37
盆宽	75	25	85	15
臂长	80	20	87	13
臂围	65	35	60	40
腿长	77	23	92	8
腿围	60	40	65	35

（二）身体形态的意义

身体形态对于青少年运动员的发展而言具有重要的意义,因此在平时的运动训练中一定要重视身体形态的锻炼。进行身体形态锻炼的重要意义主要体现在以下两方面。

一方面,身体形态会在一定程度上对运动员的运动成绩产生影响。不同的运动项目对身体形态有不同的要求,其中,遗传和环境因素主要起决定作用。因此,青少年运动员的选材要密切结合遗传等因素,挑选出具有良好身体形态条件的运动人才。

另一方面,身体形态还能反映出人的生长发育水平、身体机能水平和竞技水平,对于其运动素质的发展产生至关重要的影响。因此,在平时的运动训练中,要进行科学的身体形态训练,以适应创造优异专项成绩的需要。

二、各项群运动员的身体形态特征

(一)体能主导类速度性项群

体能主导类速度性项群项目主要有短跑、游泳、自行车、短距离速滑等。这些项目运动员的身体形态的共同特征是:体型匀称,身体健壮,肌肉发达,膝踝关节围度较小,髋宽度适中,臀部肌肉向上紧缩,足弓明显,跟腱细长且清晰。

如男子100米世界纪录(9.58秒)创造者牙买加选手博尔特,身高1.96米,体重89公斤,体型匀称、身体健壮、爆发力突出,步幅大、步频快,是世界男子短跑运动员的杰出代表。

美国游泳运动员菲尔普斯,身高1.94米,臂展2.09米,而腿只有0.88米长,体重90公斤。这样的体形条件使得他在水中如鱼得水,划动自如,有着非常快的游动速度,才取得了令世人震惊的记录和成绩。此外,菲尔普斯身体机能指标的肺活量为15 000毫升,大大超过一般男子肺活量3 500～5 000毫升的水平。由此可见,身体形态条件对于运动员的重要性。

(二)体能主导类力量性项群

体能主导类力量项群运动项目主要有跳跃、投掷、举重等,这些项目的运动员的身体形态也呈现出一定的差异。

一般来说,跳跃类项目要求运动员身材修长,下肢占身高的比例大,小腿相对较长,跟腱较长,踝围相对较小。

对于投掷类项目运动员而言,他们的身体大都表现出大型化的趋势,指间距一般可超过身高5～10厘米,肌肉发达。世界优秀男子铅球运动员的克托莱指数（体重/身高×1000）为 610～640，铁饼运动员略低一些，标枪运动员更低；对运动员的肩带和躯干肌群要求很高，躯干呈桶形；手长也是投掷运动员的重要特征。

对于举重项目而言，大部分运动员的体型特征是小级别身材较矮小，大级别身材相对较高大，总体特征是体格健壮、体形匀称、骨骼粗大、胸脯厚实、皮下脂肪少、肌肉线条明显、四肢发达有力、肩宽、手指长、臀部肌肉紧缩上收等。

（三）体能主导类耐力性项群

体能主导类耐力性项群的项目主要有长跑、马拉松等。这一项群运动员的体型特点是身高中等，腿较长，体重较轻，脂肪少。如男子长跑运动员的理想身高在 1.70 米以上，女子在 1.60 米以上。中长跑运动员的总体要求是身材匀称修长，脂肪少，肌肉强健、富有弹性，腿长超过身高的一半或与躯干相等，小腿相对较长，骨盆较窄，臀部肌肉紧缩向上，膝、踝关节围度较小，足弓较大，跟腱明显等。

（四）技能主导类表现准确性项群

技能主导类表现准确性项群的项目主要有射击、射箭等，这些项目运动员的身体一般正常而匀称，中胚叶型居多。射击和射箭运动员在体型上没有明显的要求，但不同单项对运动员体型要求有所不同。如手枪运动员要求臂短一些，手大指长。步枪运动员要求臂长一点，臂展等于或者略超过身高。射箭运动员要求臂展比身高略长，同时要求手大指长，以利于开弓时的直线运动。

（五）技能主导类表现难美性项群

技能主导类表现难美性项群项目主要有体操、艺术体操、花样游泳等，这些项目的运动员身体一般都比较匀称，五官端正，女子颈部略长，锁骨和肩胛骨较平，四肢稍长，手臂较直，小腿长于大腿，膝关节平直，踝关节略细，跟腱细长清晰，手脚大，骨盆狭窄，臀部肌肉向上紧缩，肌肉呈条形。

（六）技能主导类对抗性隔网对抗项群

技能主导类对抗性隔网对抗项目主要有排球、网球、乒乓球等，这些项目的运动员体型有不同的要求。排球运动员身材高,四肢较长而坐高相对较短,皮脂薄,臂长,手较宽,骨盆相对较窄,小腿长,踝围细,跟腱长。乒乓球项目要求运动员身材匀称,手臂略长,体重适中,腰短,足弓深等。网球运动员体型要求身高适中(世界级的优秀选手女子平均身高1.80米,男子平均身高1.90米),身材匀称,手臂略长,臀部小,踝围细,足弓深。

第三节　影响青少年运动员体能发展的因素

体能素质对于青少年运动员的发展而言具有重要的意义。调查表明,影响青少年运动员体能素质发展的因素主要包括先天与后天两个方面,先天主要指的是遗传因素,后天则是指环境、心理、营养、生活方式、体育锻炼等多方面的因素。

一、先天因素

先天因素也就是指遗传因素,青少年运动员在成长与发展的过程中首先就会受到遗传因素的影响,如运动员的身高、体型等都会受到父母的影响。另外,一些遗传性疾病,如色盲、精神病等,如果青少年的父母患有这些疾病,那么其患病的概率就要比健康的人高一些,这都是遗传因素在起作用。总体上来看,每一个人的发展都会受遗传因素的影响,有时候甚至遗传因素在其中起决定性作用。因此,青少年运动人才的选拔一定要重视遗传因素,将遗传因素充分考虑其中。

需要注意的是,后天环境对遗传因素也会产生一定的影响,这就是我们通常所说的遗传变异,遗传变异主要就是受后天环境的影响导致的。人的身高在很大程度上受父母的遗传,除了父母的遗传因素外,后天的锻炼也是非常重要的,通过大量的后天锻炼,子女的身高会超过父母的平均身高水平。因此,通过外界环境的改善,人的机体能朝着良好的方向发展,而后天获得的优势又能通过遗传因素传给下一代,从而形成一个良性循环。除了良好的环境对人的机体发展产生有利的影响外,不良环境也会对遗传产生不利的影响。一般来说,受不良环境的影响,机体内外平衡会出现一定的失调情况,最终会引起遗传基因的突变,从而诱发各种遗传病。

综上所述,环境因素在遗传中扮演着十分重要的角色,人们要非常重视环境的改善与发展,这样才能形成一个良性循环。青少年运动员在平时的生活中,要注意环境与个人卫生,养成良好的生活方式和习惯,科学参加运动训练,这样才能促进遗传变异向好的方向转变,从而实现好的发展。

遗传因素除了影响人的身体素质发展外,还会在心理上对个体产生重要的影响。据美国的一项调查研究发现,人的智力发育水平在很大程度上受先天遗传因素的影响。如一个孩子在出生后就由高智商的养父母抚养成人,但其智商水平与亲生父母相近,这说明,先天赋予个体智能的差异与遗传因素有着极为密切的关系。但是,需要注意的是,青少年身体素质的发展,受到的环境因素的影响也是非常大的,这需要引起重视。青少年一定要在平时的学习和训练中重视后天的各方面素质的锻炼与提高。总之,遗传因素对青少年运动员的影响非常大,但也会受到后天因素的影响,有时候这种后天因素会起到决定性的作用。

二、后天因素

(一)环境因素

大量的实践与事实表明,环境因素对青少年运动员的发展至关重要。不论是人类社会的发展还是人类本身个体的发展,环境要素都在其中扮演着十分重要的角色,环境的发展对人类健康会产生十分重要的影响。众所周知,人类与环境之间的最本质的联系是物质和能量交换。这突出体现在以下两个方面:一方面,人的生命的维持要从环境中摄取必要的物质,为机体提供重要的能量;另一方面,人体内产生的代谢物会排到周围的环境之中,经过一定的改造与利用又会被人体所摄取。因此,环境的变化会对人体的正常生理活动产生非常重要的影响。环境与人类的发展是息息相关的,人们随着环境的变化而变化,如果人体接受不了环境的变化,其机体功能和结构就会发生相应的变化,以适应变化后的环境。一般来说,环境因素主要包括自然环境和社会环境两个方面。

1. 自然环境

人的生存与发展离不开一定的自然环境,人与自然环境之间有着极为密切的关系。人们在自然界中生存与生活,除了向大自然索取一定的物质资源外,还受到大自然发展的影响。其中,气候和季节是影响人类生活的最为重要的两个因素。如常年在寒带地区生活,这一地区的人们生长发育速度要相对缓慢一些,但是寿命要比热带地区的人长;在春季,一般情况下青少年儿童的身高要增长很快,秋季则体重增长较快,这有一定的规律可循。总之,人体生长素在一定程度上受到气候和季节的影响。只有人与环境相协调,才能获得健康的发展。人的机体要与外界环境各要素保持一个动态平衡的状态,否则人体健康就会受到一定的威胁,不利于长期的健康发展。

对于青少年运动员而言,他们生活和训练的场所主要是训练基地或专业的运动学校或俱乐部等,这些都是其学习、生活和训练的主要场所,也是其接触的自然环境。一个良好的训练和生活环境,能促进青少年运动员的身心健康发展,有利于提高青少年运动员学习与训练的积极性,促进竞技水平的提高。反之,不良的自然环境则会使青少年运动员的身心健康受到不利的影响,如果运动员生活的环境较差,噪声较大,污染严重,这就容易引发各种疾病,从而导致机体系统功能紊乱,而且还会严重影响学习和训练的效率。由此可见,自然环境因素对人体的影响是显而易见的。因此,我们一定要创造一个良好的自然环境条件,为青少年运动员的学习和训练奠定良好的基础。

2. 社会环境

处于社会环境之中,人与社会环境发生着密切的联系,这一联系主要体现在人与社会意识以及人与社会组织之间发生着各种联系。而社会意识与社会组织则是整个人类社会发展的重要因素。社会意识的范围非常广泛,一个地区的风俗习惯,人们的生活习俗,以及各种政策文件等都属于社会意识的内容;而社会组织结构则主要包括家庭、工作单位、医疗机构等多方面的内容。在社会意识与社会组织的影响下,人们的身体健康得以良好的保障。

家庭是青少年最初接受教育的阵地,家庭环境如何会直接影响到青少年的未来发展。家庭环境要素主要包括家庭结构、经济基础、父母文化水平等几个方面,这些方面都或多或少地对青少年产生影响。一个良好的家庭氛围或环境能为青少年的健康成长提供一个很好的场所,俗话说,父母是子女的启蒙教师,父母在日常生活中的言行举止都会在一定程度上影响子女的发展。通常情况下,在家教比较民主的家庭里,青少年一般都拥有乐于好动、活泼开朗的性格;而家境较差的家庭,青少年通常会显得性格孤僻、不善交流,由此可见,家庭条件对青少年健康成长的重要性。

家庭环境会对青少年的健康成长产生至关重要的影响,学校因素也会影响青少年的健康成长,由此可见,学校是学生学习(生活)的合作体。青少年在学校中接受各种各样的教育,其认识水平一天天不断地完善,而文化发展程度又会在一定程度上对青少年产生决定性作用。正处于青春发育期的青少年如果掌握了丰富的文化知识与技能就能科学、合理地安排自己的生活和学习,从而有利于自身的长远发展。

综上所述,社会环境对青少年运动员的发展具有重要的影响,因此青少年运动员的运动训练一定要重视环境的创设与改造。即创造良好的卫生环境和卫生习惯,严格按照既定的作息制度从事一切活动,这样才有利于青少年的身心健康发展。

（二）心理因素

心理因素也是影响青少年健康发展的一个非常重要的因素,这一因素也对学生的健康体能产生重要的影响。生长在人类社会环境之中,青少年会表现出各种情绪,既有积极的情绪,也有消极的情绪,其中消极情绪会给人体的各系统功能带来不利的影响。只有在积极的情绪之下,青少年的身心健康才能得到有效的保证。随着现代社会的不断发展,现代科学技术在带给人们实惠的同时,也带来了诸多的社会文明病,如高血压、心血管病,以及与心理因素有关的心理疾病等,这些都严重危害到人的身心健康。

由此可见,心理因素对人体的影响非常大,作为一名青少年运动员,一定要注意心理健康,注重心理疾病的治疗。如果发生心理疾病,不能仅靠药物治疗,而是要从根源上加以解决,而身心疾病发病的重要原因就是外界刺激条件和情绪因素,因此主要通过心理手段来治疗心理疾病,这样才能取得理想的效果。

（三）营养因素

人体要想健康的成长与发展,就必须要在日常生活中注意营养的摄入。尤其是对于青少年而言,在这一成长阶段,青少年的身体发育需要大量的营养作保障,如果缺乏营养或者营养不良就容易导致出现各种发育问题。因此,青少年运动员在平时的生活和训练中要十分注意营养的摄入与补充,如果补充的营养不够,青少年的身体系统功能就会受到一定的影响,不仅不利于运动训练的正常进行,甚至还会给身心健康带来严重的危害。因此,青少年运动员一定要高度重视补充营养的重要性。

总之,青少年运动员在平时的膳食中一定要注意营养的补充,合理搭配各种食物,烹调要合理,避免破坏食物的营养结构,造成营养的损失,同时还要养成一个良好的生活习惯,确保每天都能补足营养。这样才有利于青少年运动员身体健康与运动训练的顺利进行。

（四）疾病因素

　　疾病对人体健康能产生极大的危害，因此一定要注意疾病的防治。对于青春期的青少年运动员而言，各种慢性疾病会对其身体健康产生重要的影响，如患血吸虫病的青少年与未患病的青少年相比，身高普遍处于一个较低的水准；而患有甲状腺疾病的青少年，其身体发育会受到严重的影响，与正常同龄青少年相比，身高、体重明显要低；而患有胃肠道疾病的人通常消化吸收能力都相对较弱，长期如此则会造成营养不良的后果，尤其是对于青少年而言，这会严重影响到其身体的正常发育，更加不利于正常的生活、学习和训练。青少年运动员因疾病无法正常的生长发育，更不用说进行体能训练发展了，因此青少年运动员在参加体能训练的过程中要注意保护自己不受疾病的侵袭，针对治病，要采取预防与治疗相结合的措施和手段，主要是以"预防为主"，在平时的训练中注意环境卫生和个人卫生习惯，避免各种慢性疾病，这样才能有效保证青少年运动员的身心健康，有利于青少年运动员运动训练的顺利进行。

（五）生活方式因素

　　受各种客观因素的影响，青少年逐渐形成了一定的生活方式。生活方式是影响人类生产发展的重要因素，而青少年的生活方式影响着自身的生长发育，也影响着其体能的发展。美国有一项调查研究发现，在人体的生长发育中，与不良生活方式有关的占到了一半以上，由此可见不良生活习惯对人的影响。另据调查统计，脑血管病、心脏病、恶性肿瘤这三大疾病是造成人们死亡的重要原因，患有这些疾病的人群大多与不良的生活方式有着密切的关系。大量的实践早已充分表明，不良的生活方式会引发各种疾病，在现代社会经常出现的"文明病"就是由于不良的生活习惯或方式而引起的。如各种交通工具的使用，导致人们的运动能力不断衰退；社会竞争压力的加剧引发各种心理疾病。需要注意的是，这些疾病并不是一般药物或医疗技术所能控制的，要从人们的日常行为因素上去探求解决的对策。因此，为保证青少年运动员的健康成长与发展，要鼓励他们形成健康的生活方式，这样才能有效预防各种身心疾病。除此之外，家长还要与运动队、卫生部门等密切配合，采取必要的手段和措施，为青少年运动员的身心健康发展创造一个良好的生活环境，保证运动训练的顺利进行。这对于青少年运动员的长远发展具有重要的意义。

（六）体育锻炼因素

大量的实践充分表明,经常参加体育锻炼比不参加体育锻炼或很少参加体育锻炼的人,身体素质明显要好很多。体育锻炼可以使人体各系统器官的功能得到增强,使大脑皮层及神经系统的协调指挥能力得到提高,使机体的新陈代谢和体格的正常发育得到全面促进,而且还能促进人的生理、心理等健康发展。需要注意的是,体育锻炼必须要科学和合理,如果体育锻炼不合理,反而会导致不良的后果。可见体育锻炼因素也是重要的后天因素之一。

体育锻炼对人的身体素质的影响非常大,大量的实践与事实表明,经常参加体育运动锻炼的人,身体素质要明显强于不参加体育锻炼或很少参加体育锻炼的人。经常参加体育锻炼的人,身体的协调性和灵活性要更强,反应能力也更加迅速,同时还具有较高的想象力和发散思维能力,注意力高度集中,能够快速地融入周围的环境之中。除此之外,经常参加体育运动锻炼,还要提升自身的意志品质,培养良好的团结协作的集体主义精神。

青少年运动员在参加体育运动锻炼的过程中会受到周围环境各种因素的刺激,这种刺激既有好的刺激也有不良的刺激。在良好的刺激之下,青少年运动员能有效提高大脑的兴奋度,能帮助运动员快速地适应周围环境。除此之外,经常参加运动训练,青少年运动员的身体各项系统机能都能获得好的发展,如血液循环得到明显的改善,心脏收缩力进一步提高,肌肉日益发达,呼吸功能不断增强等。由此可见,体育锻炼对于青少年运动员的身心发展产生了极为重要的影响。

第四节　青少年运动员的竞技能力结构

一名运动员的竞技能力结构如何将对其未来发展产生至关重要的影响,因此在运动选材中,选材人员都非常重视竞技能力结构的表现。一般来说,青少年运动员的竞技能力结构主要包括体能、心智和技能三个部分。

一、竞技能力与竞技能力结构

（一）竞技能力

竞技能力可以说是竞技运动本质的体现,作为一名运动员,要想取得理想的比赛成绩必须要具备良好的竞技能力,这不仅是竞技运动制胜规律的基本条件,同时还是运动专项特征的核心内容。

关于竞技能力的概念,目前并没有一个统一的定论。诸多专家及学者都有自己的看法。

田麦久认为,竞技能力是一名运动员参加训练和比赛所具有的能力。

徐本力认为,竞技能力是运动员取得良好比赛成绩的必备条件,是运动员体能、技能、战术能力、运动智能、心理能力和思想作风能力的综合体现。

刘大庆认为,运动员的竞技能力涉及多方面的要素,身体素质、心理素质、智能素质和技战术技能都是其中非常重要的内容,其竞技能力就是这些要素的总和。

综上所述,诸多专家对运动员竞技能力的概念都有自己的看法和见解,但总体上来看都是基本相同的,可以归纳为以下三点。

第一,竞技能力是运动员训练和比赛所具备的能力。

第二,竞技能力主要由运动员的若干能力要素组成,是一个能力集合体。

第三,竞技能力具有鲜明的专项运动特征。

总之,竞技能力是运动员日常运动训练的核心内容,缺少了这些内容,运动训练活动也就无法进行,作为一名专业运动员,一定要在平时的训练中努力提升自己的竞技能力,从而为取得优异的比赛成绩奠定良好的基础。

（二）竞技能力结构

结构主要是指组成整体的各部分的搭配和安排。因此,竞技能力结构就是指人体结构构成的因素及其关联要素。

竞技能力属于运动员的一级层次要素(体能、技能、心智),每一个要素又可以具体分为各自的二级层次要素和三级层次要素(图1-1)。

1. 体能要素

（1）运动员机体机能

运动员的机体机能主要包括能量系统、肌肉系统和神经系统三个方面。

（2）运动员运动素质

运动员的运动素质主要包括灵敏素质、力量素质、速度素质、柔韧素质和耐力素质等几个方面。这几个方面的素质对于运动员参与人和体育运动都具有重要的意义和作用。因此在平时的训练中，一定要重视这些运动素质的锻炼。

2. 技能要素

（1）运动技术

运动员的运动技术主要包括动作应用、动作组合、动作结构等内容。

（2）运动战术

运动员的运动战术主要包括战术应用、战术行动、战术形式等内容。

3. 心智要素

（1）运动心理

运动员的运动心理主要包括运动感知、运动情感、运动意志等方面的内容。

（2）运动智力

运动员的运动智力主要包括运动观察、运动思维和运动想象等方面的内容。

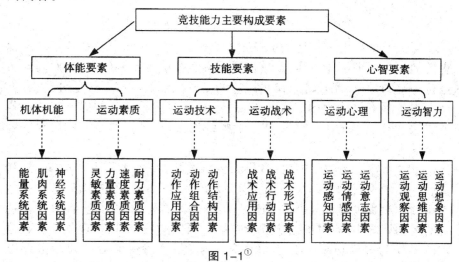

图 1-1[①]

① 胡亦海.竞技运动训练理论与方法 [M].北京：人民体育出版社，2014.

二、青少年运动员竞技能力结构的基本特征

总的来看,青少年运动员竞技能力结构的基本特征主要体现为三个方面,即系统性特征、层次性特征、关联性特征。

(一)系统性特征

系统性是青少年运动员竞技能力结构的一个重要特征。运动员的竞技能力结构非常复杂,整个结构体系涵盖诸多要素,要想更好地研究与分析运动员竞技能力结构系统,就需要对其进行划分,这样才能达到预先指定的目标。

运动员竞技能力的形成与发展具有一定的规律,青少年运动员要依据自身的特点及运动基础,确定训练任务和训练目的,严格遵循系统性、针对性、综合性和全面性等原则,努力提升自身的竞技水平。在运动训练中,运动员专项竞技水平的提高具有一定的非衡性特点,即在不同时期,运动员的竞技能力发展速度呈现出一定的差异,教练员及运动员要认清这一点,在不同的训练阶段采取针对性的训练手段,以系统有效地提高青少年运动员的竞技能力。

(二)层次性特征

层次性也是青少年运动员竞技能力结构的一个重要特征。运动员要想更加深入地理解竞技能力,就需要明白竞技能力结构的层次,对其层次进行一定的划分,竞技能力结构层次的划分主要是实现系统地分层、分类地发展各项竞技能力的层次及其要素;运动员竞技能力的提升有赖于各个层次及其要素的水平的提高。由此可见,运动员竞技能力的层次性划分非常重要。

青少年运动员竞技能力的提高,要以不同训练时期的训练任务、训练重点等为依据,分层和分类地提高竞技能力各个要素水平,然后遵循一定的逻辑原则促使竞技水平得到进一步提升。需要注意的是,青少年在平时的运动训练中,有可能会出现竞技能力断层的现象,这种现象是普遍存在的。作为运动员要充分了解这一现象,要坚持贯彻运动训练指导思想,循序渐进地提升竞技水平,不能急于求成,否则容易导致适得其反的效果。

（三）关联性特征

关联性也是青少年运动员竞技能力结构的一个重要特征。运动员的竞技能力结构包含多种要素,这些要素之间发生着密切的联系。各种要素的不同关联方式将会对整个竞技能力结构产生重要的影响,而不同的结构又对不同的功能产生重要的决定性作用。青少年运动员的竞技能力结构对其运动水平的提高和运动成绩的获得具有非常重要的作用,运动员各项竞技能力要素之间不是孤立的,彼此之间都有着密切的联系。这一关联性特征在运动员的训练和比赛中都得到了深刻的体现。充分认识与了解这一关联性特征,能帮助运动员为提高自身的竞技能力做好保障。青少年运动员在具体的训练过程中,面对竞技能力的主次因素的不同转化和发展,需要严格遵循一定的指导思想,采取有针对性的措施与手段有效提升青少年运动员的竞技能力。

第二章　青少年运动员体能训练的
科学理论与运动机制

　　青少年运动员正处于体能增长的快速期,如果能抓住这一时期采用科学的训练方法进行训练,可使其在体能素质方面的进步事半功倍,这会为他们的其他运动技能的增长打下坚实的基础。为此,本章就对青少年运动员体能训练的科学理论与运动机制进行研究。

第一节　青少年运动员体能训练的科学理论基础

　　诸多实践表明,人的身体机能与形态是可以通过体能训练的方式得到提高的。一般来说,个体要想获得稳定的机体状态,就非常依赖于稳定的外部环境。一旦机体的内部稳态被破坏,就必须及时予以调整,否则这些不适状况会使机体机能降低。体能训练的有效性的原理就是如此,即通过有意识地施加一定的运动负荷刺激,来调动机体对新刺激的适应,而从实现个体体能素质的提升。

　　体能训练中对机体的刺激是越大带来的适应度就越好,但这要求这些刺激是在一定区间范围内的。此外,如果引发的消耗过程很激烈,机体同样会产生相应与之轻度匹配的机能变化。据此来看,就能发现体能训练的核心机制在于机体的适应能力、所承受的负荷以及恢复状况这三方面。

一、训练适应的发展阶段

　　运动员对体能训练的适应能力实际上就是其机体能对刺激产生适应反应的过程。一般来说,在这一时期的训练主要需经历如下阶段。

　　（1）对机体施加刺激。所谓对机体施加的刺激的途径非常多,其可以是在训练中施加的刺激,也可以是在比赛中施加的刺激,还可以是在生活中施加的刺激等。也就是说，不论在何种环境下，只要对机体施加刺激，就会为之后机体的适应过程提供可能。

（2）对刺激产生应答性反应。当机体接受到来自外部的刺激后，就会随即产生兴奋，这种兴奋会通过神经传输到机体各器官及组织，这样会使得到信息的组织被最快调动起来，这就是对外部刺激做出的应答。

（3）对刺激产生局部或整体的适应。机体器官或组织得到刺激后其状态便会开始成快速上升的趋势，达到一定阶段后这种趋势会逐渐平复，直至出现一个平衡的态势。在这个时候，即便一些机体指标不会再出现明显的上升，但已经可以证明机体对此前接收到的外部刺激产生了训练适应。

（4）结构与机能被改造。在对外部刺激的适应继续了一段时期后，相应运动器官和系统组织的结构和机能就会得到改造，突出表现就是这些器官和组织的机能得到了提升。

（5）训练适应的衰竭。体能状况出现衰竭的原因在于机体不断承受较大的训练负荷，为了转变这一局面，就需要适当减小训练负荷，达到维持性运动负荷即可。这里要特别注意不能因此而完全停止训练或减少训练负荷时间，如此不但不能维持现有的机能状况，还会降低现有机能水平。这个降低的过程与训练时间成正比，即没有参加训练的时间越长，身体机能的下降速度就越快，直至降至最低水平，要想恢复到以往的尚佳状态，一切训练还要重新开始。

二、训练负荷原理

训练负荷原理是支持身体训练有效性的重要理论依据。对包括青少年运动员在内的运动员进行体能训练的方法就是通过不断施加给其以新的运动负荷，引发身体对新负荷带来的刺激的适应，从而实现体能的提升。如果没有负荷带来的新刺激，新的适应现象也就不会出现，机体的体能状况只能维持在原有水平甚至是下降。

提及运动负荷就要提到它的两个方面，一个是负荷量，另一个是负荷强度。其中负荷强度的概念无疑更加重要，其是反映负荷对有机体产生的刺激深度的概念，其中的元素有训练的密度、难度、质量以及重量等。对于周期性负荷强度来说，其衡量指标主要为训练的时间、高度、远度以及重量，而非周期性负荷强度的衡量指标则为动作难度和完成质量。

负荷强度与负荷量这两大运动负荷的概念之间是相互依存的关系。量的里面包含着强度，而强度则通过量的概念来反映。这使得在此其中的任何一种要素低于其他,都会影响机体对刺激的适应度,而只有当负荷强度达到相应的刺激量时,机体才会出现适应现象。如此一来,就能更加清晰地看到体能训练实际上就是一种以调节、变动负荷量和负荷强度为手段的对机体体能予以适应和提升的行为。

三、消耗与恢复原理

运动员在体能训练中会消耗大量的能量,这些被消耗的能量在之后需要补充回来,而消耗也是机体受到刺激并对新刺激进行适应的必然经过,如果没有消耗,机体也就无法适应刺激。同样,如果没有得到彻底的恢复,机体也难以再承受更强的负荷。因此,在体能训练中,消耗与恢复是对立统一的。在这一理论的指导下,现代体能训练的组织者除了注重训练过程外,还愈发看重训练之后的恢复过程,这是坚持科学体能训练的又一表现。

机体在接受体能训练后的恢复需要经历三个过程,即运动中恢复阶段、运动后恢复到运动前水平阶段和运动后超量恢复阶段。

运动中的恢复阶段,揭示的是在训练过程中人体能量的消耗的同时就伴随着能量的再合成过程。在此期间,尽管有一些恢复,但总体上还是消耗远大于恢复,恢复的效果并不显现,也不能扭转机体机能继续降低的状况。

运动后恢复到运动前水平阶段,揭示的是在运动后机体的恢复能力逐渐上升,消耗逐渐减弱,两者几乎达到平衡的状况。此后恢复的势头占据上风,直至使身体机能恢复到运动前的水平,这为最终出现的超量恢复奠定了基础。

运动后的超量恢复阶段,是在机体承受了一定的训练负荷后,机体机能在恢复到运动前的水平后并没有停止,而是继续上升一部分,然后再回落到稍高于运动前水平的位置。其与运动负荷关系为运动负荷所带来的刺激越大,超量恢复的效果就越明显。这一阶段的发现可谓是给运动训练带来了新的突破,这一规律和生物的应激、适应性原理同等重要,是支撑体能训练的重要理论依据。

第二节 运动员体能与技能的关系

运动者的技能,是其掌握和运用各种体育运动专项技术、战术、组织等全面能力。这类技能的完成是有一套规范的。一般对于运动者掌握的运动技能会用生疏与熟练、协调与不协调、快速与灵活等词语表述。起初运动者在初学某项运动的技能时总是相对生涩和僵硬，在经过一段时间的学习和训练后，便可以更加自如地掌握并合理运用，此时运动者甚至能掌握到技能完成的技巧。与技能相比，技巧无疑处于更高的层次中，当运动者掌握了运动技能的技巧后，通常表现为技术动作更加顺畅；无意识支配肌肉运动的时间更多，运动者可将更多注意力放在技术效果上；形成动作完成的特殊感觉，如球感、水感、时空感等，有时运动者凭借这些"感"就能对技术有更加独到的运用；动作稳定性高，且在受到外部干扰的情况下依旧不会降低太多技术动作的完成质量；动作完成的体态轻松、自然、优美，能够展现出运动美感。

在运动实践当中，运动者的体能对他们的技能发挥是有很大影响的，有时体能状态给技能的完成带来的影响甚至是决定性的，这就让体能之于技能有了一种基础性地位的作用。下面就对体能与技能之间的关系进行说明。

一、体能与技能是内容与形式的一体两面关系

体能与技能两者是内容与形式的关系，即便有本质上的区别，但两者共同统一在具体的专项技术动作行为之中，可以说是技能中的两个面。从对两者的表述上来看，对技能的表述没有具体的量化指标，更多只能用娴熟或不娴熟、僵硬或流畅、稳定与不稳定等词语来表述。而对体能的描述则有非常明确的量化标准，如可以千克、米/秒、分秒等单位来衡量。

技能是某项体育运动的动作模式，而体能则是技能的运动内容之一，虽有差别，但缺一不可，两者之间的相互联系非常紧密。

二、不同项目的技能所需的体能本质不同

并非所有运动项目技能的本质都是相同的，因此，在不同运动项目中出现对体能不同的描述是非常正常的，即便其中可能会出现使用相同描述语言的情况，但其所反映的仅仅也只能是物理单位的同一性，而不是体能本质上的同一性。例如，在不同项目的运动中，运动员转体720°和冲刺30米实际上都是以秒来计算时间的，确切地说它们都是用来描述运动者的动作速度的，但如果从体能的层面上讲，两个速度数据的本质完全不同。实践当中，用一个物理单位表述不同运动技能本质上体能是可以的，

但也要理解体能中的不同本质。然而在实际中仍旧经常出现因混淆了属性概念与实体概念而导致的原本本质不同的体能被混淆的情况。

三、没有抽象的技能，也没有抽象的体能

物质的运动总是要通过一定的形式展现出来的，并且不论是何种形式的运动，其内部都必定存在着某种矛盾。而恰恰是由于这些矛盾的存在，使得其具有一定的特殊性，即成为区别于其他事物的本质。

普遍性存在于特殊性之中，体能与技能两者的关系也符合这一哲学理论。体能与技能均存在于具体的专项运动之中。实际上，不管是哪一种体育运动，都是既没有抽象的运动技能存在，也没有抽象的体能存在。技术与体能互相依托，也互相制约，如技术的发展明确了体能发展的方向，而运动者的体能水平又决定了其运动技能能达到的最高境界。因此，这就决定了对技能进行的训练的同时不能忽视对体能的训练，如果技能的提高没有体能做基础的话，训练出的技能基础也较为薄弱，难以在外部干扰众多的实战中得到良好运用。换过来看也是成立的，即对体能进行的训练要将其融入技能训练之中，如此才能使对体能的训练更有针对性和实用性。

第三节　运动员运动素质的转移

一、运动素质转移的机制

（一）有机体的整体性

人体是一个完整的系统，而机体各器官中的系统又是相互协同、相互联系、相互影响和相互制约的。运动员在运动中表现出来的同一种运动素质或不同的运动素质，并不是依靠某一个器官和系统，而是在中枢神经系统统一支配下发挥各器官系统机能的综合作用的结果，只是由于各种素质对各器官系统的要求不同，而使这种综合作用的组成具有各自的特点而已。同时，各种素质的发展虽然只是直接对有机体各器官系统产生着深度不一的影响，但也必然作用于整个有机体，尤其是作用于中枢神经系统的运动中枢。这是产生运动素质转移现象的生物学机制。

（二）动作结构的相似性

进行任何体育运动项目都要通过人体动作的形式完成,其中涉及的所有动作之间都是有一定联系的。如果不同动作的结构及肌肉的工作特征有着较大的相似度的话,那么也就预示着这类动作也同样具有较大的转移性。例如,对于标枪、铅球、链球等同为投掷类运动项目,在最后发力投掷的动作中有许多相似的地方,正是这些相似使力量素质有了互相转移的可能。为此,针对这类项目安排更多类型的同一练习就显得很有必要。这是因为动作结构的这种相似性,使在某一练习中训练所获得的素质基本不用再进行改造,就可对动作结构相似的其他动作起到几乎同等的训练效果。相反,如果技术动作在用力姿势、用力时间和顺序等方面不同,甚至差异较大,那么就很难实现动作的转移。例如,在 20 世纪 60 年代,苏联链球运动员在原有训练基础上增加了更多力量素质训练的比重,训练安排中采用了大量的力量练习,大幅度地提高了运动员的绝对力量,然而由于所选练习与掷链球时的用力顺序和姿势不一致,使得所增长的力量并没有为成绩的进步带来显著的影响。另外,在五大身体素质中,速度素质的同类转移效果最不明显,这是因为很难找到一些有着相同动作结构的速度练习方式。而除此之外的其他身体素质均可以利用动作结构的相似性这一机制来为训练提供便利。

（三）能量供应来源的同一性

在同类转移中,由于能量供应的来源基本相同,所以运动素质的转移比较容易发生,例如有氧耐力的转移。由于有氧耐力是各种其他耐力的基础,故其训练水平决定了有机体心血管和呼吸系统的机能状况,它主要依靠机体内糖原的氧化,这在各种运动活动中都是需要的,因而可产生广泛的转移。再如,速度性练习、速度力量性练习与力量练习,均以非乳酸和糖酵解供能为主,所以一旦有了其他条件(如动作结构相似时),也可以有较大的转移现象发生。

上述产生运动素质转移的三个因素互相联系,共同作用于训练实践。对一种运动素质的转移来说,往往在某一种因素起主要作用的同时,也受到其他原因的影响。

二、运动素质转移的类型

（一）直接转移和间接转移

以转移方式为依据,可将运动素质的转移分为直接转移和间接转移。

直接转移,是指运动素质中的一类的发展直接对另一类构成影响并使之改变的变化。例如,腿部肌肉力量素质的提升会直接导致移动速度的提升,并对提升运动员的弹跳力大有帮助。这一原理在运动训练理论中非常重要,由此也奠定了一般体能训练的基础地位。在体能训练中,不论是一般体能训练还是专项体能训练,对训练手段与负荷的选择也几乎都是力争充分利用到素质的直接转移的规律。

间接转移,是指运动素质中的一类的发展并不会对另一类构成影响并使之改变的变化,只是为它创造了变化的先决条件,或对同一种素质的发展起间接的作用。还是以腿部肌肉的力量素质训练为例,以静力方式增强腿部力量的方式显然不会对机体的移速速度带来多少帮助,但该训练确实改变了肌肉的形态结构,对提升肌肉的最大力量带来了帮助,而这在一段时间后也的确可以促进运动员跑动速的增长。如此可见,素质的间接转移需要更多的时间,并且中间一定要以此转借才能显现效果。

（二）同类转移和异类转移

以运动素质彼此间的关系为依据,可将运动素质的转移分为同类转移和异类转移。

同类转移,是指同一运动素质向不同运动项目或不同动作上的转移。例如,球类运动的上肢力量训练方式所获得的成果也能应用在搏击、田径、游泳等项目所需的力量训练上。就力量素质的这种同类转移现象来说,它是建立在身体的用力部位上的,然后才是由用力时间决定。再说耐力素质,其发展基础是呼吸系统和心血管循环系统,这些组织机构的功能在许多运动项目中都是同等重要的,这也就使得耐力素质的同类转移涉及的范围最大。

异类转移,是指存在于各种运动素质之间的不同运动素质的转移。例如,力量与耐力、耐力与速度、力量与速度等之间的转移。这其中,力量与速度之间的转移效果最为显著,实践中也是运用最为广泛的一类。但实际上这种异类转移的效果在大多数运动员身上效果并不算明显,只有那些水平较高的运动员通过这种转移方式能获得预期效果。

（三）良好转移和不良转移

根据运动素质转移效果情况,可将运动素质转移分为良好转移和不良转移两种。

良好转移,也被称为"积极转移",其是指那些随着某种运动素质的发展而促进另一种运动素质的提高,或对于同一种素质以一种表现形式的发展转移而促进了另一种表现形式的发展的现象。举例来说,为提高运动员最大速度素质安排的练习,还可促进其速度耐力的发展;对运动员力量素质有所提高的训练,还可促进其速度素质和灵敏素质的发展。这就是运动素质的良好转移。

不良转移,也被称为"消极转移",其是指那些随着某种运动素质的发展而阻碍另一种运动素质的提高,或对于同一种素质以一种表现形式的发展限制了另一种表现形式的发展的现象。举例来说,对于全能项目的运动员来说,为了能够提高在速度力量性项目中的实力,就需要安排更多有益于提升速度力量素质的训练,但这项训练又会降低运动员在长跑项目中的耐力水平。这就是运动素质的不良转移。在实际训练当中,不良转移显然是阻碍运动者运动水平提升的制约因素之一。

（四）可逆转移与不可逆转移

根据运动素质转移的效果可将其分为可逆转移和不可逆转移两种。

可逆转移,是指发生转移的双方彼此之间能互相转移,即两方均会为对方开辟转移的通道。

不可逆转移,是指发生转移的双方彼此间不能互相转移,转移只是由某一方转向另一方,但另一方则不能转回。

举例来说,力量素质与速度素质之间就是一种可逆转移。具体来说,在发展力量速度的同时,该训练所获得的成果也促进了速度素质的增长,反过来也是如此。同样是以速度素质为例,如果是动作速度与反应速度之间的关系,则就是一种不可逆转移。这是因为对速度素质的训练是可以促进反应速度的提升的,但以提升反应速度为目标的训练则对动作速度的提升没有帮助。

三、运动素质转移的关系

在对运动者进行体能训练时,应给予运动素质的转移以一定的重视。

这种现象的存在为运动素质的发展受益,不过在实际训练当中要特别注意对不良转移情况的限制,而是要尽力通过不同的练习促使运动素质发生转移,进而带来满意的训练效果。

在谋求运动素质转移的训练中,要特别关注如下几项关系。

（一）转移效果与负荷的关系

对于事物的发展来说,历经从量变到质变的过程几乎成为人们的公知,这点对于运动素质的转移来说也是如此。运动素质的积极转移为的是收获更为理想的训练效果,而这却少不了艰苦卓绝的努力,最终的收获是一次次训练积累而成的,只有当积累达到一定量后,才能获得素质的提升,进而才能获得计划中的转移。如此来看,运动素质转移的效果很大程度上取决于训练负荷,当然这个负荷要在合理范围内。在此条件下,训练负荷越大,训练效果越好,训练效果也就越容易转移。

（二）发展素质与产生后果的关系

体能训练的效果获得良好的转移是训练组织者和接受训练的人都共同期待的目标。这使得为了提升某种素质而应安排更多的、优质的、可产生良好转移的训练,以使在训练中产生的效果得以促进运动素质的提高。为此,一旦在训练安排中发现了一些可能导致出现不良转移的训练内容时,就需要重新考量这部分练习存在的可能性,或是练习的时机、次数和方式,抑或是再安排一些其他类型的训练来"纠正"这类练习内容可能导致的不良转移现象。

（三）训练水平与转移程度的关系

如果一名运动员参加了较长时间的训练,其训练水平也保持在较高水平,其机体的生物学改造渐趋完善,此时的机体可谓被"开发"殆尽,很难再有更多的发展空间,对练习产生的反应也就更有选择性。面对这样的情况,教练员更应精心研究训练计划,对过去能产生广泛、良好的转移效果的练习再度做出筛选和改变,以此安排仍旧能对运动员带来良好转移效果的练习。对于已经处在这个阶段的运动员来说,一点点哪怕能带来良好效果的训练都是有价值的,通过这一点点的积累,才能始终保证他们处于进步当中,而不是遭遇能力发展瓶颈。例如,当运动员初步接触到专项训练时,体能方面的训练比重会有明显增加,此时对于耐力素质的提高往往就通过增加他们的力量素质和速度素质训练的方式予以提高,但当运动员的训练达到较高水平后,原先的这种利用其他素质的训练来带动目标素质提升的做法的效果就不会很理想了,甚至还可能会出现一些"副作用"。再如刚接触专业训练的运动员往往更容易看到一般力量训练所能提供的成果,但这种训练对高水平运动员的帮助就非常有限。而要想在高层级阶段还能收获良好训练效果,就需要将良好转移变得更有选择性才行。

（四）间接转移与产生效果的关系

运动素质的转移效果并不是在开始训练后就显而易见,而是表现出一些方面会更快显现,而另一方面则稍慢显现,在时间上是有一些差别的。这其中,那些显现较晚的就属于间接转移,这类转移的效果在短期内不容易发现,其实以非常微小的量在不断积累着,只有在经历了较长的时期后才能看到转移成果,这个时期的单位甚至是以年来计算的。在训练实践当中,尽管我们都追求在更短的时间内收获最大的训练效果,但当运动员的水平达到一定高度后就很难再通过这种方式获得进步,此时就更加要重视间接转移所带来的小的效果积累给运动员带来的进步,特别是对于高水平运动员来说,这种作用是不容忽视的。

（五）不同训练时期与利用转移效果的关系

直接转移和间接转移的效果与效果显现时间不同,因此,为了更好地发挥它们的作用,就可以在不同的训练时期利用不同的转移方式效果。直接转移的效果显著且见效快,因此多用于竞赛期间的训练之中。而间接转移的效果不容易显现,则这类训练可安排在大周期的准备期或比赛期的初始阶段,这能为运动员在此后进入更佳的运动状态奠定基础。

第四节　运动员体能训练的路径与方法

体能训练,实际上是一个使运动员从原有的体能状况转移到预期体能状态的过程。如果从一名运动员的全部职业生涯着眼的话,体能训练的过程应贯穿其始终,当然期间应分出不同的发展阶段,如多年训练过程、年度训练过程、阶段训练过程、月训练过程及周训练过程等。这些训练过程的持续时间虽然不同,但都应拥有一套完整的内容体系,具体可如图 2-1 所示。据此就可以对运动员体能训练的方式做出大体分析。

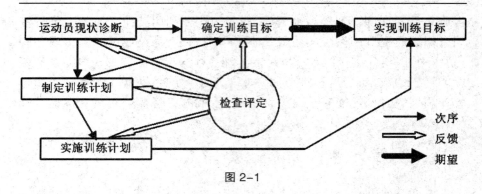

图 2-1

一、现状诊断

在运动员参加运动训练之前,要确定好一个起始点,这个起始点通常是运动员的初始状态。[1] 因此,科学诊断运动员的初始状态就非常关键,这是一切运动训练的基础,是制定体能训练计划的依据。

对运动员体能初始状态的诊断包括身体形态、身体机能、运动负荷承受力等方面。对这些状态的了解主要通过体检、体能测试以及训练监控等途径获悉,据此进行全方位的诊断和评估,从而得出一些相对准确的运动员体能状态报告。需要特别说明的一点是,在对运动员进行体能测试和训练监控时要依据运动员的运动专项特点来确定,而不能是不论运动员从事什么项目都搞"一刀切"式的测试,这是不科学的。

二、确定训练目标

体能训练的开展必然不能缺少一个科学且合理的目标,这也是运动员参加训练,获得体能进步的目标。当这一目标确立之后,训练的各个环节都要围绕目标来进行,借此来为训练过程中的训练计划和比赛计划的制定与实施提供了依据。[2] 不仅如此,合理的训练目标还有助于激发运动员的责任感和进取精神。

对体能训练目标的确定要注意使其具有完整性,而不能是零散的、不成系统的目标,这不利于运动员体能的综合发展。完整的体能训练目标具有多层次的特点,实际上体能训练本就不是一个层次的训练活动,它里面包含了诸多层次,自成一个系统,该系统应包括体能发展的总目标与不

---

① 田麦久.论运动训练计划 [M].北京:北京体育大学出版社,1999.

② 田麦久.论运动训练计划 [M].北京:北京体育大学出版社,1999.

同阶段的目标；身体形态、身体机能以及身体素质等各项目标；身体承受运动负荷的能力目标等。

三、确定及实施训练计划

体能训练计划是在以运动员的体能现状和体能训练目标为依据的情况下，根据体能发展规律而制定的力求使运动员的体能状况遵从现实导向目标的有效行动方案。对于运动训练活动的开展来说，确定训练计划是首要任务，当计划制定结束后开始实施，是运动训练过程的中心环节，这部分内容将贯穿教练员与运动员的全部训练实践活动的始终。[①]

具体说到体能训练的计划，其应由如下部分组成。

（1）运动员体能状态初诊。

（2）体能训练目标。

（3）体能训练各阶段的划分及其任务。

（4）体能目标达成的方法与手段。

（5）体能训练负荷的动态变化趋势。

（6）体能训练效果评价方式与标准。

对体能训练计划来说，以不同的依据可以将其进行分类。如以时间为依据对体能训练进行的划分，即为多年训练计划、年度训练计划、季度训练计划、月训练计划、周计划、课计划等。如以组织形式为依据来划分，则可分为单纯性体能训练计划，与技战术、心理等训练相结合的体能训练计划。作为一个有机整体的人体，只要参加运动训练必然都会产生一定的体能训练效应，当然这个效应的大小是因人而异的，主要是他们对训练投入的多少。另外，体能训练不应过度强调单一化，而是应与运动员的运动专项相结合来进行，如此可获得更具实效性的训练成果。

第五节　运动员体能训练的控制

能否做好运动员体能训练的控制主要在于能否设计出一套科学、严谨的运动处方。一个好的运动处方中总是会涉及较为全面的与训练控制有关的元素，是一种对运动员取得良好训练成效起到指导作用的文件。为此，本节对运动员体能训练的控制的研究就主要以介绍运动处方的基

---

① 田麦久.论运动训练计划 [M].北京：北京体育大学出版社，1999.

本理论和实施方法为主。

一、运动处方概述

运动处方，是指以运动需求者的身体状况为依据制定的一套具有科学性、定量性和周期性特点的训练计划。它的制定需要以训练者的多项身体测试以及体质测试的结果为依据，然后用处方的形式安排在何种时间和频率内进行何种内容、何种负荷的训练，是训练者要参与的一种有计划的周期性运动指导性方案。由于其与医生给病人开具药物或治疗处方有异曲同工之妙，因此被形象地称为"运动处方"。

运动处方的相关概念是在 20 世纪 50 年代被美国生理学家卡波维奇首先提出的。到 20 世纪 60 年代，日本学者猪饲道夫第一次使用了"运动处方"的术语来表述，到 1969 年这个术语被世界卫生组织正式确认为标准用法，就此也在世界范围内传播开来。

（一）运动处方的分类

对运动处方的分类主要可依据应用对象和应用目的的不同，一般可分为健身运动处方、竞技运动处方和康复运动处方三类。其中，健身运动处方主要针对的是那些有健身健心需求的运动者，这类运动处方更关注的是提升提高运动者的体适能、预防慢性疾病、全面促进身心健康，常见的处方内容有有氧适能运动处方、肌适能运动处方和控制体重运动处方等。竞技运动处方则针对的是专业运动员，这类处方的目标很简单，就是为了提升他们的运动成绩。而康复运动处方顾名思义，就是对处于非健康状态下的病者、伤者、身体处于亚健康状态者的身体恢复为目标的处方。

（二）运动处方的作用

相比于一般运动训练和医疗手段，运动处方无疑具有更强的针对性，并且是一种有选择、有目的、有控制的运动疗法。一套设计科学合理的运动处方不仅能对身体局部产生良好效果，甚至还能从整体上促进机能上的提升，从而达到强身健体、促进心理健康的目的。

（三）运动处方的要素

运动处方中包含众多要素，其中较为主要的要素有运动形式、运动强度、运动频率和持续时间等。下面就对此进行逐一分析。

1. 运动形式

运动处方中的常见运动形式包括有氧运动、无氧运动和混合运动三类,具体见表 2-1。

表 2-1 有氧、无氧及混合运动项目示例

有氧运动	无氧运动	混合运动
步行	短距离全速跑	足球
慢跑	举重	橄榄球
自行车	拔河	手球
网球	跳跃项目	篮球
排球	投掷	冰球
远足	肌肉训练	间歇训练

2. 运动强度

运动强度,是指单位时间内的运动量。以公式的形式表述,即:运动强度 = 运动量 / 运动时间。在运动处方的设计过程中,运动强度是非常重要的元素之一,其是运动处方定量化与科学性的关键。要想确定运动强度,需要较为严谨的监控和对训练过程中诸多阶段的测量,测量的内容有训练时的心率、酶脱、最大摄氧量储备百分比以及主观感觉等。

3. 运动频率

运动频率,是指单位时间内参加训练的次数。在体能训练中,单位时间多为"周"。研究认为,当每周训练次数小于 2 次时,运动者的最大摄氧量几乎不会发生变化;当每周训练次数大于 3 次时,运动者的最大摄氧量增加趋势就会开始变得平坦;当训练次数增加到 5 次以上时,最大摄氧量的提升就会更小。通过这一组数据可知,每周训练 3 ~ 4 次是最合理的频率,且为了保证最佳的运动效应的积累,每周的这 3 ~ 4 次训练应尽量平均安排开。如果是那些以健身作为保健方式,或退休在家有了更多闲暇时间的运动者来说,每天都参加锻炼无疑是更为理想的,但应注意将运动负荷控制在恰当水平。只有讲求恰当的运动频率,才能给训练获得预期效果提供帮助,但这个频率数通常不能低于每周 2 次以下。

4. 持续时间

提到运动训练的持续时间,就不得不强调它与运动强度之间的紧密联系。运动者参加的任何运动训练,总是会达到一定的阈强度,如此一来

单次运动的效果就由总运动量来决定,而总运动负荷＝运动强度×运动时间,即由两者的配合来共同决定。简单来说,当总运动负荷确定后,运动强度与运动时间之间就成反比关系。

为了使一套运动处方的制定显现出较多的灵活性和实用性,在制定运动处方的过程中,对其中如运动的形式、强度和时间等元素可在合理范围内进行一定的调配,如有时可采用低强度长时间的运动方式,有时则可以采用短时间高强度的运动方式。至于到底该如何调配结合,就要视运动者对运动处方的实际需求而定了。

二、运动处方的实施

运动处方的实施,就是按照运动处方中所列出的各项条件(内容、方式、强度、时间、频率)做出运动的行为。以健身运动处方为例,其实施与青少年们熟悉的体育课程学习活动的最大区别在于,在运动处方的指导下,青少年的运动行为是以其身体机能状况为基础的,所实行的都是有着极强针对性和周期性的活动。这种运动处方也与竞技运动处方有着本质不同,它关注的主要是促进青少年的总体健康水平的提升,而并非更关注他们的运动技能或与运动技能紧密关联的运动能力的提升。

运动处方的实施是运动处方发挥功能的主体阶段。在实施过程中,应注意实施的阶段性和过程中的自我监控行为。

(一)实施的阶段性

所实施的运动处方都应该有最基础的三个阶段的划分,分别为准备阶段、训练阶段和整理阶段。

1. 准备阶段

在运动处方实施的准备阶段中,基本安排的是多种形式的准备活动,如操类、游戏类、慢跑等。准备活动的作用在于充分调动运动者的身体从相对安静的状态到适合运动的状态中。具体包括提高神经中枢和肌肉的兴奋性、提高呼吸系统机能、提高心血管系统机能、增强肌肉的血液量和供氧量、提高韧带柔韧度、提高酶系统的活性。

对于一般项目的青少年运动员来说,准备阶段的时间通常在10～15分钟,如遇特殊年龄、季节或运动环境可适当对时间有所增减。如果运动员从事的项目为高耐力性的项目,则可适当再延长准备阶段的时间一倍。

在准备阶段中安排的热身活动要注意控制运动量和强度,原则上不应高于正式训练阶段中活动的强度。从形式上来说,一般先做伸展性活动,如各个部位的活动操,然后安排一些有节律性的运动,此后再逐渐加大运动幅度和速度。准备活动的最佳效果为在准备活动行将结束之际,刚好运动员的身体机能接近正式训练的强度。

2. 训练阶段

训练阶段,是身体以较高机能状态持续进行运动处方中规定的训练的过程。就以健身运动处方为例进行说明,其主要训练阶段中的任务是在适宜的运动强度下,运动员机体持续运动一定时间,以促使其心血管、呼吸系统和有氧代谢等系统高效率工作,以使身体在运动刺激下对此予以适应,进而确实提高其身体机能能力。

在运动处方的训练阶段中要坚持适宜的负荷强度,而判断负荷是否合理的方式则不是通过理论可以准确确定的,它需要在实际运用中不断进行反复调整,才能逐渐达到准确的程度。在运动处方的训练阶段中对时间的设定,通常情况下都要以 10 分钟作为最小单位,如果采用间歇训练法进行训练,则时间的单位可再进一步增加。

3. 整理阶段

整理阶段,是以安排整理活动来降低运动员身体机能的兴奋状态为目标的过程。如果在训练阶段结束后直接结束训练,那么运动者就得在身体的高兴奋状态下投入到其他活动(学习、生活)中,这种状态显然不利于他们集中精神和调整情绪。因此,整理阶段的作用就在于此,在它的阶段中,通过做一些整理活动来逐渐平缓身心的兴奋度,以使运动者以相对安静的身体状态回到生活之中,而这对运动者的体能恢复也有较好的促进作用。因此,整理阶段是运动处方三个主要阶段中不可忽视的阶段。

从内容、形式和功能上来看,整理阶段与准备阶段的差别不大,但最重要的不同点在于运动强度递进方向。在准备阶段中,强度是由小到大递进的,而在整理阶段中,强度则是由大到小递进的。具体来说整理阶段的内容,可依次安排体育游戏环节、慢跑放松、部位放松操、课程点评与留作业等。整理活动所需时间为 5 ~ 10 分钟。

(二) 实施过程中的自我监控

在运动处方的实施过程中,除了按照运动处方中设定的运动类型、符合强度、时间、间歇和重复次数等进行训练外,还应根据运动过程中和运动后身体的反应情况掌握运动量的自我检测和调节。

1. 心率自我监测

首先要学会计算自己的目标心率,并能熟练地测定自己的脉搏。常在手腕桡动脉处或耳前方颞浅动脉处用手指触扪动脉搏动次数,亦可把手放在左胸部,直接测数心跳次数。但不可在颈总动脉处测定,因为触摸颈总动脉的压力有时会引起心率明显减慢,并有可能出现心脏活动异常。通常用运动停止后即刻测得的 10 秒钟脉搏数乘以 6 近似地作为运动时的每分钟心率。

2. 主观强度感觉

主观强度感觉判定法是已被广泛应用的一种简易而有效的评价运动量的方法,通常以 RPE 表示。RPE 也是介于心理和生理之间的一种指标。可以说 RPE 的表现形式是心理的,但反映的却是生理机能的变化。

心率结合 RPE 值测试是最常用而简易的方法。将客观生理机能的变化与主观心理对运动的体验结合起来,可以避免单纯追求某一靶心率的盲目性。例如,某人的靶心率为 150 次 / 分时,RPE 值为 13,而当患有轻度感染或工作劳累后,再以 150 次 / 分心率强度运动时会感到非常困难和费力,RPE 值会增加,与以前的主观感觉相比较,这可能是一种前期病理症状,在这样的情况下勉强保持靶心率运动将是十分危险的。而通过 RPE 值的运动就正好避免了这种潜在的危险的发生。由于身体承受运动负荷的能力具有可变性,所以在运动中通过主观感觉和客观生理指标相结合进行监控较适宜。

3. 自我感觉与基础指标检查

观察每次运动后运动者身心疲劳的消除情况。如果训练的运动量安排合理,则运动者应表现出睡眠良好、次日晨起疲劳感完全消除,感觉轻松愉快,体力充沛,有运动兴趣和欲望。

运动后次日基础状态测定基础心率,每分钟波动不超过 3 ~ 4 次;呼吸频率每分钟不超过 2 ~ 3 次;血压变化范围上下在 10 毫米汞柱;体重减少在 0.5 千克以内。如数日内有脉搏、血压明显的持续上升,或肺活量、体重等明显的持续下降,则说明运动量偏大,有疲劳积累的征兆,应及时减少运动量。

第三章　青少年运动员力量素质训练方略

对于青少年运动员来说,力量素质是他们非常重要的身体素质,是体能的重要组成部分。力量素质,是运动员体能整体水平的一个衡量标准,也是其他身体素质发展的重要基础,因此,将力量素质训练作为青少年运动员体能训练的首要训练内容是非常可行的。本章主要对力量素质训练理论、青少年运动员一般力量和核心力量的训练方法以及训练的注意事项加以分析,由此使青少年运动员在对力量素质训练有充分了解的基础上,能科学地参与到训练中,对于青少年运动员力量素质的提升有积极意义。

第一节　力量素质训练理论

一、力量素质及其表现形式

力量素质,就是人体神经肌肉系统克服或对抗阻力的能力。通常,人体肌肉力量的大小受到很多因素的影响和制约,其中,最为主要的有:神经系统的支配与控制能力、肌肉体积、肌肉初长度、肌肉收缩速度、肌纤维类型、弹性能与牵张反射、生物力学与人体测量学及年龄、性别等。

力量素质的表现形式有很多种,根据不同的标准有不同的分类。

（一）一般力量和专项力量

一般力量和专项力量这两种类型是因为力量与运动专项的关系而划分的。

1. 一般力量

一般力量,就是指身体各部位肌肉在日常生活中对抗和克服阻力的能力,其所针对的动作是非特定性的,是普遍意义上的。专项力量的发展是在一般力量的基础上才能实现的。

2. 专项力量

专项力量,是在一般力量的基础上实现的,具体来说,就是指针对特定的专项动作所表现出的肌肉收缩能力。专项力量的大小往往会对青少年运动员的成绩产生直接影响。专项力量的发展是在一般力量水平的基础上才能实现的,因此,要保证一般力量较高的水平,才能保证青少年运动员专项力量的提高,减少和避免运动损伤的发生。

一般力量和专项力量两者之间并不是对立的关系,而是相互影响、相互制约的密切关系。

（二）相对力量和绝对力量

相对力量和绝对力量,这两种类型是因为力量与体重之间相互关系的不同而划分的。

1. 相对力量

相对力量,也是集体的最大力量,只不过,这一形式与运动员单位体重有着相应的关系,肌肉质量的好坏可以通过相对力量反映出来。其关系公式如下:相对力量 = 最大力量 / 体重。

2. 绝对力量

绝对力量,就是指在忽略其他所有外部条件的情况下,集体所表现出来的最大力量。从这一层面上来说,绝对力量和最大力量两者是等同的关系,都可以用对抗外界负荷的力值表示。

（三）稳定性力量和爆发性力量

稳定性力量和爆发性力量两种类型是由于肌肉在运动中的功能力量的不同而划分的。

1. 稳定性力量

稳定性力量,所指的是在运动中保持肢体关节稳定的肌肉力量。运动中的关节稳定性是通过神经肌肉系统精密的控制和协调而实现的,因此,这也是稳定性力量的重要影响因素。

2. 爆发性力量

爆发性力量,所指的是在一个爆发性动作或一组强有力动作过程中快速发力的能力。

（四）最大力量、快速力量和力量耐力

最大力量、快速力量和力量耐力，是因为完成不同体育活动时力量的表现特点不同而划分的。

1. 最大力量

最大力量，就是指肌肉通过最大随意收缩克服阻力时所表现出来的最高力值。不同运动项目中，肌肉最大力量所表现出的实际作用也是不同的，其中，起到决定性影响的因素为肌肉所对抗阻力的大小。对抗阻力越大，最大力量的作用就越明显；反之亦然（图3-1）。

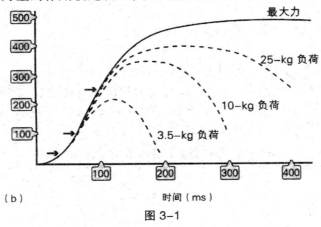

图 3-1

2. 快速力量

快速力量，是将力量与速度结合起来的一种综合性能力，具体是指神经肌肉系统在一定时间段内产生最大力量的能力。快速力量会因为快速用力特征的不同而被进一步细分为起动力量、爆发力、制动力量和反应力量几种类型（图3-2）。

3. 力量耐力

力量耐力所包含的内容有两个方面，一个是静力性力量耐力（运动员在静力性工作中长时间保持相应强度的肌紧张），一个是动力性力量耐力（在动力性工作中多次完成相应强度的肌收缩的能力）。

在不同的运动项目中，机体对抗的阻力也是有差别的，因此，这就赋予了肌肉力量耐力专项性特点。

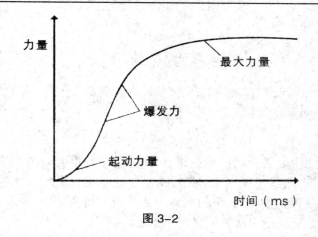

图 3-2

二、力量素质训练的方法

力量素质的训练,会因为肌肉收缩形式的不同而被分为动力性力量训练和静力性力量训练。其中,动力性力量训练方法主要由强度(负荷重量)、组数、每组重复次数、每组间歇时间等要素组成。这些组成要素都会对力量素质的训练与发展有着密切的关系(表 3-1)。

表 3-1　强度、组数、次数与发展力量的关系

	强度(重量)(%)	组数	每组重复次数	完成动作速度	每组间歇时间(分钟)
发展最大力量(绝对力量)	85 ~ 100	6 ~ 10	1 ~ 3	快到适中	3
发展速度力量	70 ~ 85	6 ~ 8	3 ~ 5	极快	3
发展小肌群力量或增大肌肉体积	60 ~ 70	4 ~ 8	6 ~ 12	适中到慢	3 ~ 4
发展力量耐力	60%以下	2 ~ 4	12 次以上	适中	3 ~ 4

(一)力量素质训练方法的分类

力量素质训练方法除了最为常用的静力性力量训练方法和动力性理论训练方法之外,还有一种电刺激方法(图 3-3)。其中,动力性力量训练方法又可以进一步细分为多种训练方法。

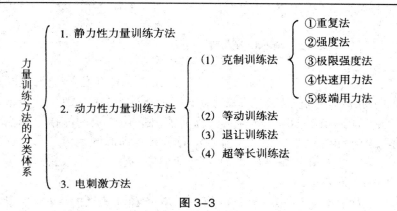

图 3-3

（二）力量素质训练的具体方法

随着现代训练理论的不断发展,动力性力量训练已成为竞技运动中发展运动员力量最主要和最基本的形式。通常情况下,可以将理论素质训练的具体方法分为三种类型,即最大力量训练方法、速度力量（快速力量）训练方法和力量耐力训练方法。而这三种力量类型的训练方法又可以进一步细分（图 3-4 ）。

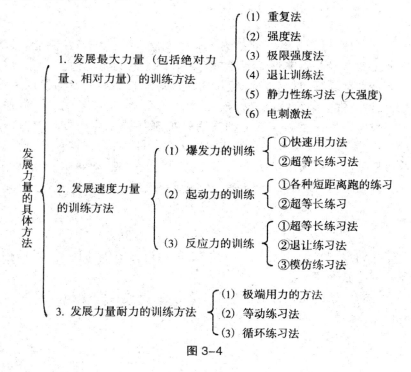

图 3-4

三、力量素质训练的准备工作

（1）首先要做好训练前的检查工作，如果身体条件不允许进行较大负荷的训练，训练不把握好训练量，不仅不能达到效果，而且会造成不良的影响。所以，在进行力量素质训练前需要进行全面的体检。然后根据体检的结果和医生的指导来安排确定力量素质训练的负荷。

（2）要将力量素质训练的目标明确下来，这会对具体的训练工作起到重要的导向作用。

（3）力量素质训练并不是一朝一夕就能看见效果的，这就要求在开始之后，就要按照训练计划坚持下去。只有持之以恒，才能够达成目标。

（4）每天训练课后，要坚持做好训练记录，练习项目的名称、组数、每组的重复次数和重量都要写清楚，还要写清楚训练的感觉，以及训练的状态。这能够为训练计划的调整和训练手段的改进提供依据和支持。

四、核心力量训练

（一）核心力量与核心稳定性

核心力量，指的是核心肌群为了有效发展神经支配与控制能力、功能与协调性能力以及本体感受性能力所表现出来的力量能力。

核心力量训练包括核心稳定性力量训练和核心专门性力量训练。其中，核心稳定性力量训练是进行核心力量训练的前提和基础（图3-5）。

核心稳定性是指人体核心肌群有效控制身体姿势和重心、构建和完善专项"运动链"以及产生和传递肌肉力量的能力，是在神经、肌肉、骨骼韧带及呼吸调节四大系统协同作用下，控制脊柱、骨盆和髋关节的稳定姿态，使人体保持在中立位状态的能力（图3-6）。

（二）核心力量训练的意义

训练和发展核心力量，对于青少年运动员体能训练以及运动能力的提升都有着显著意义。

（1）能够有效提升脊柱、骨盆的稳定性，身体姿势保持正确性，身体的重心也会更加稳固。

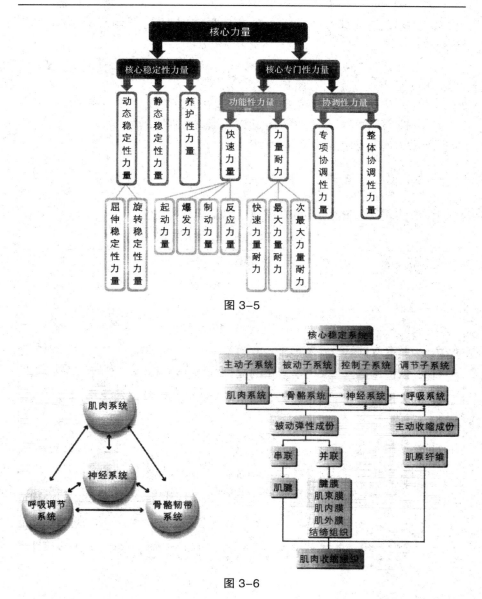

图 3-5

图 3-6

（2）在肢体运动中,能够通过核心力量的增强来为其创造支点,这对于完整的专项运动链的构建是有所助益的。

（3）核心力量训练与发展,能使身体控制能力与平衡能力都得到显著提升。

（4）核心力量训练与发展,能使运动时肌肉能量由核心向四肢的输出变得更大。

（5）核心力量训练与发展，能使四肢工作的协调与配合得到有效提升。

（6）核心力量训练与发展，能使运动中的能量消耗得到有效节省，技术动作的工作效率也会有所提升。

（7）核心力量训练与发展，能使运动中伤病的发生概率大大降低。

（8）核心肌群的力量也是运动时整体发力的始点，对上下肢的协调与整合用力起着承上启下的枢纽作用。

（三）核心力量训练的主要方法

核心力量训练的方法有很多，具体见表 3-2。

表 3-2　核心力量主要训练方法

训练方法	主要作用	应用领域
各种垫上徒手练习	提高核心稳定力和核心肌肉耐力	康复,健身,竞技体育
平衡板泡沫筒 气垫 滑板	提高机体稳定—不稳定之间的转换,增强神经对肌肉的支配和控制能力	康复,健身,竞技体育
瑞士球	改善神经对肌肉的募集和反射性调节能力,提高稳定力、本体感觉和平衡	康复,健身,竞技体育
悬吊运动疗法	改善柔韧,提高稳定性力量,增强本体感觉和控制能力	康复,健身,竞技体育
振动训练法	提高力量和柔韧,改善激素分泌,预防损伤	宇航训练,康复、健身和竞技体育
振动杆	提高深层小肌群力量能力,加强关节稳定,预防损伤	康复,健身,竞技体育

第二节　青少年运动员一般力量训练方法

一、颈部力量训练

（一）背桥练习

在做背桥训练时，青少年运动员要以脚和头着地支撑于地面，仰卧或俯卧姿势皆可，腰腹部向上挺起，两手置于胸腹部，使身体反弓成"桥"

或腹部向下,以额头(或头顶)和脚趾支撑于地面,臀部上提成"桥"(图3-7)。

图 3-7

（二）双人对抗

青少年运动员两人一组,同伴站在训练者身后,一手扶在训练者的肩胛部,另一只手借助带子或毛巾往后牵拉训练者的头部。注意训练者要保证两脚站稳,上体固定,对抗同伴向后拉毛巾的力量(图3-8)。

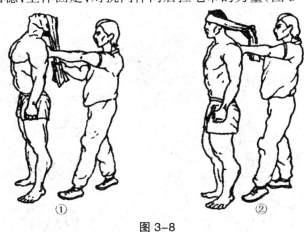

图 3-8

二、肩部力量训练

（一）肩部主要肌肉

肩部的主要肌肉为三角肌和回旋肌(图3-9)。

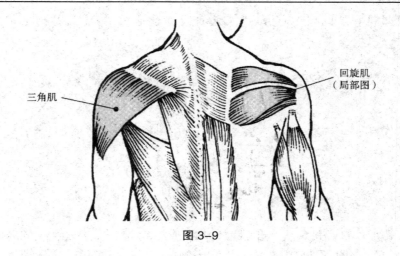

图 3-9

（二）肩部力量训练方法

1. 颈前推举

青少年运动员可采用直立姿势或坐姿,两手握杠铃同肩宽,握杠于锁骨处,手臂垂直向上伸直推起(图 3-10)。

图 3-10

2. 颈后推举

青少年运动员两手握杠铃,约同肩宽,垂直上举至手臂伸直(图 3-11)。

图 3-11

3. 头上推举

青少年运动员两脚自然站立,约同肩宽。两手各握哑铃,屈肘将哑铃置于肩上,两手正握杠铃,握距同肩宽,提铃至胸,将哑铃快速推举至头上方,或将杠铃快速推举至头上方,慢慢返回原位(图 3-12)。

图 3-12

4. 直臂侧平举

青少年运动员自然站立,上体挺直,两手各持哑铃垂于体侧,两臂伸直侧平举,快上慢下,还原成预备姿势,反复练习(图 3-13)。

三、臂部力量训练

（一）臂部主要肌肉

臂部的主要肌肉包括肱二头肌、三头肌、前臂肌肉(图 3-14)。

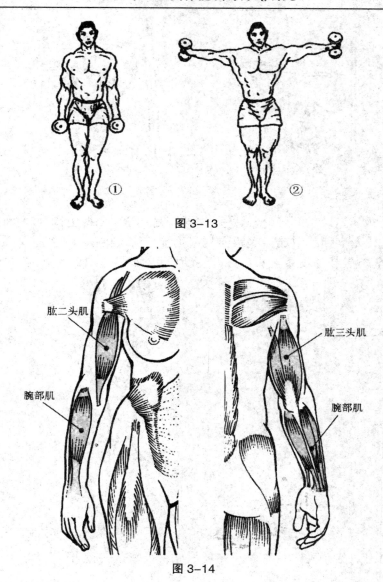

图 3-13

图 3-14

（二）臂部力量训练方法

1. 坐姿弯举

两腿自然分开，坐在凳端，一手握哑铃，另一手掌置于持哑铃手侧的膝关节上部，握哑铃的手臂充分伸展，将肘关节的上部置于膝关节处另一侧的手背上，上臂固定，慢速屈肘至胸前，然后再有控制地下放哑铃成预备姿势,反复训练(图 3-15)。

图 3-15

2. 手腕屈伸负重训练

采用坐姿,青少年运动员两手反握杠铃或哑铃,前臂分别贴在两大腿上,手腕伸出位于膝关节外。手腕围绕额状轴以尽可能大的动作幅度上下旋卷,手腕卷屈幅度尽量大;或者采用掌心向下的正握杠铃的方法进行手腕旋卷运动练习(图 3-16)。

图 3-16

3. 前臂旋内旋外负重训练

双脚自然开立,浅半蹲,两臂屈肘前伸位于体前,两手持重物,前臂有节奏地进行旋内旋外运动。

四、胸部力量训练

(一)胸部主要肌肉

胸肌就是胸部的肌肉,由左右两部分构成,又称胸大肌(图 3-17)。

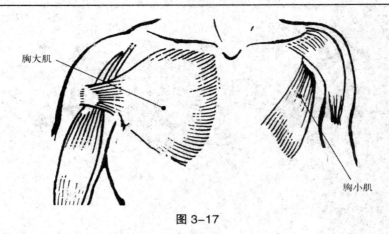

图 3-17

（二）胸部力量训练方法

1. 仰卧扩胸

青少年运动员仰卧在垫子或矮凳上，两手持哑铃两臂伸直，与身体成"十"字形。直臂慢速将哑铃举至胸的正上方，然后慢速还原成预备姿势，反复训练（图 3-18）。

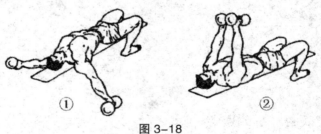

图 3-18

2. 颈上卧推

青少年运动员可仰卧于卧推架上，可采用宽、中、窄三种握距，手持杠铃或哑铃，先屈臂将其放于颈根部，两肘尽量外展，将杠铃推起至两臂完全伸直。反复训练。

五、背部力量训练

（一）背部主要肌肉

背部的主要肌肉为斜方肌、背阔肌、菱形肌（图 3-19）以及竖脊肌（图

3-20）。

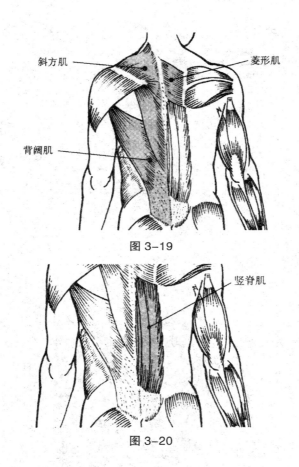

斜方肌　　　　　　菱形肌

背阔肌

图 3-19

竖脊肌

图 3-20

（二）背部力量训练方法

1. 卧抬上体

青少年运动员俯卧于台面或长凳上。上体从一端探出,两手置于头后屈身向下,快速用力向后向上抬上体,然后有控制地慢速还原成预备姿势,反复进行（图 3-21）。

2. 俯卧上拉

青少年运动员可俯卧在练习凳上,两臂悬空持杠铃（也可采用哑铃和壶铃）,两臂同时将杠铃向上提起稍停再还原,反复进行。

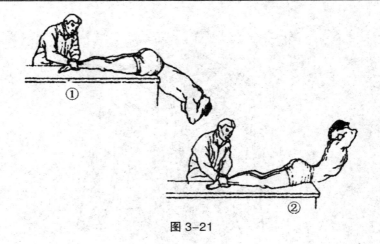

图 3-21

六、腹部力量训练

（一）腹部主要肌肉

腹部的主要肌肉有腹直肌和腹内 / 腹外斜肌（图 3-22 ）。

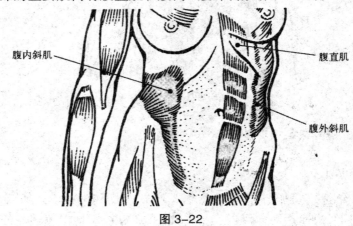

图 3-22

（二）腹部力量训练方法

1. 仰卧起坐

青少年运动员仰卧在凳上或斜板上，两足固定，两手抱头，然后屈上体坐起，再还原，一次做 10 ～ 15 个，也可两手于颈后持杠铃片或其他重物负重训练。

2.支撑举腿

青少年运动员两手直臂撑在双杠上,下肢放松,身体伸展。两腿伸直双脚并拢,收腹举腿至水平位,与上体成直角,然后再放下双腿,还原成预备姿势,反复练习(图3-23)。

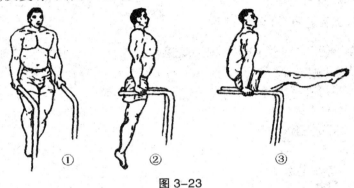

图 3-23

七、臀部力量训练

（一）臀部主要肌肉

臀部的主要肌肉有:臀大肌、臀部外展肌以及腿部外展肌(图3-24)。

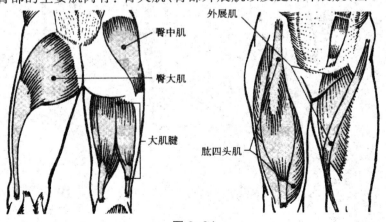

图 3-24

（二）臀部力量训练方法

1. 俯卧背屈伸

青少年运动员俯卧于训练机的垫上，双腿并拢伸直，双手放于两侧；臀部用力将腿向上抬至动作最大幅度，保持 2 ~ 3 秒钟，重复此动作。

2. 侧卧侧摆腿

青少年运动员侧卧于长凳上，双腿并拢伸直，双手扶长凳；向上抬外侧腿至动作最大幅度，保持 2 ~ 3 秒钟；慢慢还原成开始姿势，保持腿伸直，重复练习。

八、腿部力量训练

（一）腿部主要肌肉

腿部的主要肌肉有四头肌、腘绳肌腱、腓肠肌和比目鱼肌、胫前肌（图 3-25 ）。

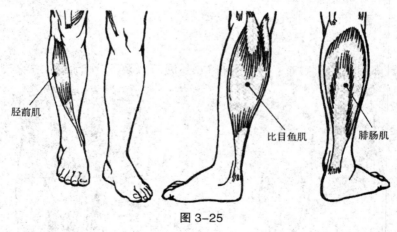

图 3-25

（二）腿部力量训练方法

1. 下蹲腿后提铃

两脚自然开立下蹲，杠铃紧贴脚后跟处放置。两手正握杠铃，握距同肩宽，两臂和背部充分伸直。青少年运动员蹲起直臂提铃，成站立姿势，挺胸直背，杠铃处于臀部，然后还原成预备姿势。反复练习（图 3-26 ）。

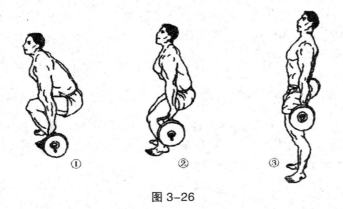

图 3-26

2. 负重深（半）蹲跳

双脚左右自然开立，肩负杠铃，双手正握杠铃扛于颈后，躯干挺直。青少年运动员屈膝半蹲快速蹬伸，髋膝踝充分伸展，向垂直方向跳起，落地时保持半蹲（半蹲跳）或深蹲（深蹲跳），紧接着快速蹬伸跳起，反复练习（图 3-27）。

图 3-27

第三节　青少年运动员核心力量训练方法

一、徒手训练法

（一）侧撑桥

青少年运动员侧卧于垫子上，以单手（或手肘和前臂）于胸部侧面支撑,两腿并拢,以在下的一脚侧面为另一支撑点,躯干与腿伸直,整个身体成一条直线,躯干保持不动,髋部不能上下移动,也不能前后移动,保持均匀呼吸,不要憋气。

（二）俯卧两头起

青少年运动员俯卧于垫子上,两腿并拢,两手平放于身体两侧,掌心向上,以腹部为支撑点,上体与下肢尽量向上抬举。整个身体保持紧张状态,速度不宜太快。

二、瑞士球训练法

（一）直臂双腿撑球俯卧桥

青少年运动员俯卧,两臂伸直支撑地面,双腿并拢伸直,小腿置于瑞士球上,整个身体成一条直线,不要向一侧倾斜,腰背挺直,髋部既不能上翘也不能下沉。

（二）仰卧球体屈体

青少年运动员双脚着地,以腰髋骶髂处仰卧于瑞士球上,双腿自然分开与肩同宽,两手抱头,上体上抬,与球接触的部位始终保持在腰髋骶髂处,上体尽量保持稳定姿势。

三、实心球训练法

（一）仰卧持球

青少年运动员仰卧于地,双手伸直持实心球,上体抬离地面直至与地面垂直,下肢则保持不动,头部要与球形成一条直线,双手伸直,眼睛平视（或注视球）。

（二）仰卧夹球

青少年运动员仰卧于地,双臂上举,双膝夹住实心球向上举起。尽可能地做最大幅度的提膝,上体则保持不动。

第四节　青少年运动员力量素质训练注意事项

一、遵循全面性和重点发展原则

对于不同的体育运动项目来说，其对动作的要求不同，因此，对身体各部位不同肌群的能力要求也不同，这就决定了青少年运动员在进行力量素质训练时，要在保证全面性的同时，还要有所侧重，并且要与项目特点相结合，将与之相对应的重点突出出来。具体来说，力量素质的训练与发展，首先应该重点锻炼的部位为四肢、腰、腹、背、臀等部位的大肌肉群和主要肌肉，那些薄弱的小肌肉群的力量在此之后再进行训练和提升，需要强调的是，摆动的动力性练习是需要关注的重点训练内容之一，尤其是动作的振幅，一定要掌握好，这样才能使青少年运动员获得用力感和速度感，其技术动力力量也会有所增强，快速完成动作的能力也会得到培养和提升。

二、力量素质训练的安排要系统、科学

用进废退的原理对于力量素质训练也是适用的，因此，在进行力量素质训练时，一定要进行科学、系统的安排，所持续的时间以全年为准。研究发现，力量素质的增长速度与停止训练后消退的速度都是非常快的。因此，在经过训练之后，力量素质会取得一定的提升效果，但是同时，也不能忽视其逐渐消退的事实，这就要求要持续进行力量素质训练，使越来越多的力量素质能够持久保持下来。这里要强调的一点是，力量训练不宜在疲劳的状态下进行，否则发展的就是耐力素质，而不是力量素质了。

三、训练过程中要集中注意力

肌肉活动的实现，是在中枢神经系统的调节下进行的。在进行力量素质训练时，要求一定要集中精神，全神贯注，意识转变的速度要与练习速度相适应，与练习动作紧密配合、保持一致。这样，力量素质训练才能为肌肉力量的更好发展产生有效帮助作用。

另外，特别要注意的是进行大负荷练习时，注意力应高度集中，否则容易受伤。练习时不能说说笑笑，人在笑的时候肌肉最容易放松，一不小

心极易造成损伤。

此外，为了保证力量训练的安全性，并且取得期望的训练效果，加强自我保护和互相保护也是至关重要的。特别是在举或肩负极限重量时，更应该注意加强相互保护。

四、掌握并使用正确的呼吸方法

憋气具有积极的影响，主要表现在固定胸廓，提高腰背肌紧张程度方面，因此，这对于力量素质训练水平的提升也是意义重大的，所以极限用力往往要在憋气的情况下才能进行。尽管如此，也不能忽视憋气的消极影响，即会引起胸廓内压力提高，使动脉的血液循环受阻，因而导致脑贫血，甚至会发生休克。

在力量素质训练过程中，为了避免不良后果的产生，需要对以下几个方面的事项加以注意。

（1）如果最大用力的时间很短，条件允许的情况下尽可能不憋气，特别是在重复做不是用力很大的练习时。

（2）注意在力量训练过程中要控制训练的极限和次极限用力的练习量，并学会在训练过程中完成呼吸。

（3）在完成力量练习前尽量不做最深的吸气。

（4）做最大用力的训练时，可采用慢呼气来协助最大用力练习的完成。

五、力量训练的技术动作要规范

力量素质训练时，所涉及的每个力量训练动作都必须具备较高的技术规范。青少年运动员要按照技术规格要求去操作，这样对肌肉群力量的发展才会理想。另外，掌握正确的技术动作，对于伤害事故发生的概率有所降低。如果青少年运动员要进行弓腰练习，尤其是站不起来时，腰弓得更加厉害，如此一来，往往就会导致腰部损伤的发生。

六、训练后要注重肌肉的放松

第一，力量素质训练时要拉长肌肉，使其获得充分伸展，然后再使其收缩，动作的幅度要大。

第二，力量素质训练结束后，肌肉会充血，很胀很硬。这时就需要放松肌肉,所用到的手段主要为按摩、抖动等一些与力量练习动作相反的拉长动作。如此能够使疲劳消除的速度加快,促进恢复,同时,还能使关节柔韧性因力量训练而下降的情况得到有效避免,除此之外,这对于保持肌肉良好的弹性和收缩速度也是有帮助的。

七、力量训练方法要与专项要求相符

大多数运动项目的动作结构、用力方向、参与肌肉的用力形式及工作方式、关节角度等都是有所差别的,特点各异。因此,在力量素质的训练和发展过程中,要努力做到一般力量训练和专项力量训练相结合。为此,在安排力量练习时,必须对所从事的专项技术进行全面深入的分析研究,根据专项技术的动作结构来选择恰当的练习,从而为发展相应的肌肉群力量提供便利,达到提高运动成绩的目的。另外,肌电研究在力量素质训练过程中可以被广泛应用,以此来对主要肌群用力特点、工作方式、用力方向、关节角度等加以了解,从而确定力量训练的方法,发展专项力量素质。只有紧密结合专项特点来安排力量训练,才能保证所收到的效果是理想的。

八、要针对青少年个人特点进行训练

（一）要针对青少年运动员进行个性化训练

青少年运动员之间存在着显著的个体差异化特点,因此,在安排力量素质训练时,也要以青少年运动员的个人特点为依据来进行,遵循个体差异化和区别对待原则。

另外,青少年时期,运动员的脊柱正处于生长发育阶段,因此,在这一年龄段进行力量素质训练,一定要遵循渐进性和适应性原则,具体的安排方面也要保证科学、合理,从而对力量素质水平的提升起到促进作用。

（二）要针对女子生理特点进行训练

肌纤维在性别方面具有差异性,女子的肌纤维相对要比男子纤细,肌肉重量约占体重的比重要稍低于男子;女子单位面积肌肉也稍微低于男子,但是肌肉绝对力量仅为男子的 60% ~ 80%,爆发力为男子的42% ~ 54%。此外,女子的骨骼也比男子纤细。骨重量为男性的60%左

右,骨骼的抗断、抗压和抗弯能力均比男子差。由此可见,女运动员在力量项目上是处于劣势的,因此,在力量训练时一定要对女子的生理特点进行充分考虑,制定切实可行的计划,特别要注重肩带、上肢、腹部和骨盆等薄弱环节的肌肉力量训练。

第四章　青少年运动员速度素质训练方略

速度素质是运动员体能素质中的重要内容,它对于运动员运动成绩的取得具有重要的意义。在一些速度性项目中,速度素质的好坏将直接决定着运动员的比赛成绩。青少年运动员要想提升自身的速度素质,除了学习关于速度素质的基本理论外,还要掌握相关的训练手段与方法,本章就重点阐述青少年运动员速度素质训练的方法与策略。

第一节　速度素质训练理论

一、速度素质的概念与类型

（一）速度素质的概念

速度素质是指人体或某环节快速运动的能力,人体快速完成动作的能力、对外界信号刺激快速应答的能力以及快速位移的能力都属于速度素质的范畴。速度素质可以说是人的一种综合能力,在运动素质中,速度素质扮演着十分重要的角色。影响速度素质的因素有很多,如快速力量、爆发力及运动技术的合理性等,青少年在进行速度素质训练时一定要注意以上几个方面。

（二）速度素质的类型

依据速度素质的表现形式来划分,可以将速度素质分为反应速度、动作速度和移动速度几个类型。

除以上几个类型外,还存在着衔接瞬时速度等类型,即运动中各单一速度或个体速度之间转化、传递的快慢。它是由位移速度、动作速度、反应速度、器械运行速度、个体之间的配合等因素相互作用产生的综合效果,主要从动作环节间的衔接上得到体现,如跑跳衔接,跨跳结合,助跑与投掷出手的衔接,球类项目中的攻防转换、进攻衔接等,这一速度素质对于运动员取得理想的比赛成绩具有重要的意义。

总的来看,一个完整的速度系统结构如图4-1所示。

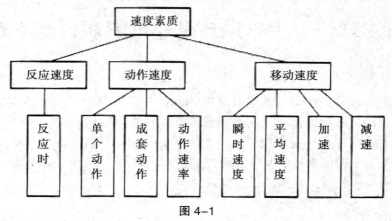

图4-1

速度素质可以说是运动员的一种综合能力,其发展主要受先天遗传和后天训练等两方面因素的影响,因此在选材时一定要注意这两个方面。总体上来看,影响青少年运动员速度素质或能力发展的因素主要有神经系统支配能力、肌纤维组成、能量系统供能能力、连续技术动作的合理性与协调性等多个方面。在日常运动训练中,青少年运动员要在教练员的指导下科学地参加速度素质的训练。

二、速度素质训练的主要内容

(一)反应速度训练

1. 不同反应速度训练

一般来说,反应速度有简单和复杂之分,不同的反应速度有其独特的训练方法。

(1)简单反应速度训练

青少年运动员在参加运动训练的前期,可以多做一些简单反应速度的练习。简单反应速度训练方法主要有完整练习(对已经掌握的单一动作或成套动作反复强化练习,强调对突然出现的信号或突然改变的信号做出快速完整的应答反应)、分解练习(把完整动作分成若干环节,就某一环节进行单独练习)、变换练习(改变信号刺激形式、应答方式等)以及运动感觉练习。通过以上几种练习手段,青少年运动员能很好地发展和提高自己的反应速度。

（2）复杂反应速度训练

一般来说，复杂反应速度训练方法主要有移动目标练习和选择动作练习两种。其中，移动目标练习主要分为四个阶段，即感知—判断—选择方案—完成动作。训练时要对移动目标在位置、方向、速度、轨迹等方面的变化加以注意，并反复练习。另一种是选择动作练习，选择动作练习要结合青少年运动员的具体实际进行。

2. 反应速度训练手段

（1）变向起跑：背向蹲立，听到信号后迅速转体成蹲踞式起跑，冲跑20～30米。训练时要求转体动作迅速，起跑符合技术规范。

（2）动作反应练习：练习前告诉运动员做蹲下、起立、手触地、跳起等动作。训练过程中，可任喊其中一个动作，要求运动员做出相对应的动作，在原地或是行进间进行。

（3）手抓网球：站立，持球手臂前平举，手心向下，然后手指张开开始使球自由下落，不等球落地再用手掌朝下抓住球。连续进行，左右手交替重复练习。

（4）左右跳＋高抬腿＋小碎步＋冲刺跑：如原地左右跳8次，接原地高抬腿跑12次，接碎步跑5秒，然后加速；或听口令转换动作。

（5）俯撑起跑接后蹬跑接冲刺跑：两手撑地，两腿伸直成俯卧姿势。听信号后迅速起跑，然后做快速后蹬跑20米，跑到标志线处，紧接着做冲刺跑30米。训练时要对不同动作的衔接速度加以注意。

（二）动作速度训练

动作速度是指人体或人体某一部分快速完成某一动作的能力。这一速度能力也是青少年运动员不可或缺的。要想提升运动员的动作速度能力可以采用以下手段。

（1）完善技术练习。完整的技术由多个环节组成，在多个环节中总会有不足之处存在。为了解决这一现象，要求以各个专项的某些动作环节为依据进行分解练习。

（2）利用助力练习。通过减轻负荷，或者在人或自然条件的帮助下有意识地加快动作。

（3）利用后效作用练习。通过先负重较大阻力进行练习，激发、动员更多的运动单位参与工作，在神经肌肉系统留下痕迹效应，然后通过后效作用的利用，进行正常负重或较轻负荷练习。负重练习与动作练习之间的时间应尽可能缩短,从而使后效作用下降得到有效避免。

（4）加大难度练习,主要是指加大负荷和难度的练习。

以上几种练习手段都是提高运动员动作速度常用的手段。

（三）移动速度训练

1.变速变向训练手段

（1）三角移动:地上摆三个相距 5 ～ 10 米的标志物,成三角形,以各种步法在三角线上进行变速、变向移动。

（2）长短往返跑:摆 4 个标志物成一直线,相距 3 ～ 5 米,从第一个标志物起跑,依次触碰第二、第三、第四个标志物,并回到起点,往返练习。

（3）摸球台移动:乒乓球运动员常用,可以利用一张球台的两个台角进行,也可以在两张球台间进行。听信号后,用各种步法移动往返触碰球台角。

（4）后退跑＋转身冲跑:背对前进方向,听信号后退约 20 米,见到标志物转身冲跑 20 ～ 30 米。

2.重复跑和间歇跑

（1）速度性练习

以 85％ ～ 100％的强度,进行 30 ～ 150 米的反复跑,间歇时间要充分,以速度没有明显下降为宜。

（2）速度耐力性练习

距离主要以 200 ～ 600 米段落为主,强度通常在 75％ ～ 90％之间,间歇时脉搏下降到120次/分以下（20次/10秒),就可以开始下一次练习。

（3）接力练习

利用上述段落进行同伴间的接力比赛。

第二节　青少年运动员速度素质训练方法

一、反应速度具体训练方法

（一）老鹰抓小鸡

选择一块平整的运动场地,一人为"老母鸡"张开双臂,保护身后一列若干人扮成的"小鸡",后者双手扶住前者腰部。"老鹰"试图用手拍到队列最后面的一只"小鸡"。被拍到的"小鸡"充当"新老鹰",原来的"老鹰"充当"新老母鸡",原来的"老母鸡"充当"新老母鸡"身后的"小鸡",循环练习(图4-2)。

图4-2

（二）两人拍击

青少年运动员及同伴两人面向开立,听到开始口令后,设法拍击对方背部,而又不被对方击中自己。在规定时间内(每次1分钟左右),拍击对手多者为胜(图4-3)。

图4-3

（三）反应起跳

运动员围圈面向圈内站立,圈内1至2人,站在圆心附近手持小树枝或小竹竿(竿长超过圈半径)。游戏开始,持竿者将竹竿绕过站圈人脚下画圆,竿经谁脚下即起跳,不让竿打上脚,被打即失败进圈换持竿者(图4-4)。

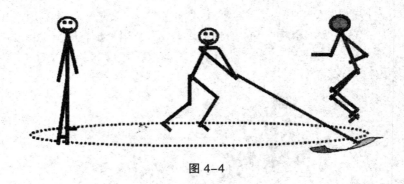

图 4-4

（四）贴人游戏

若干人围成一圈，成两人前后面向圈内站立围成一圆圈，左右间隔 2 米。两人在圈外沿圈跑动追逐，被追者可跑至某两人的前面站立，则后面的第三者即逃跑，追者即改追这第三者，如被追上为失败（图 4-5）。

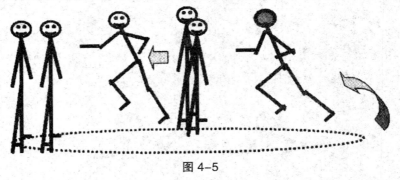

图 4-5

（五）起动追拍

两人一组前后相距 2～3 米慢跑，听到信号开始加速跑，后者追前者，追上并拍击他背部就停止。也可在追赶时，教练发出第二个信号，让其后转身互换追赶（图 4-6）。

（六）抢球游戏

用实心球围成一个圆圈，球数比练习人数少一。游戏开始，练习者绕球圈外慢跑，听到信号各人就近抢球，谁没有抢到就被淘汰，并去掉一球继续进行（图 4-7）。

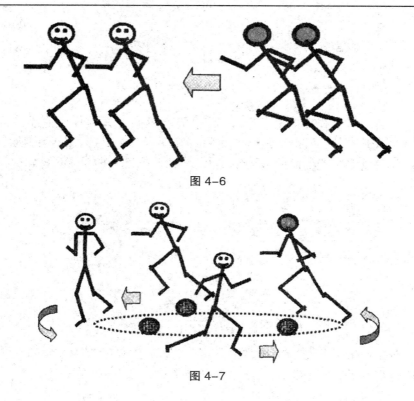

图 4-6

图 4-7

（七）压臂固定瑞士球

运动员躯干正直坐在长凳上,一侧臂水平外展用手压住球。同伴以 60%～75% 的力量向侧面各个方向拍球,练习者尽最大努力防止球运动（图 4-8）。

图 4-8

二、动作速度具体训练方法

（一）仰卧快速单臂拉引

将瑞士球放在地面上,靠近滑轮拉引练习器。练习者单手握滑轮拉引练习器把手,成仰卧姿势。头和上背部在瑞士球上支撑,双脚在地面上,髋和背部与地面平行。肘关节微屈,臂从较低位置开始拉引(图4-9)。

图 4-9

（二）快速传接实心球

青少年运动员与同伴相对站立,稍微屈膝,2人间距约3～4米。双手持实心球于胸前,进行连续传接实心球练习(图4-10)。

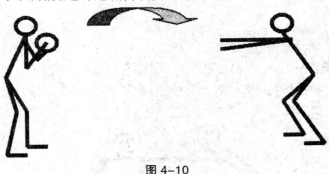

图 4-10

（三）俯卧快速提转哑铃

运动员将球垫在胸部,身体完全伸直。双手持哑铃,上臂外展,前臂垂直向下。提拉上臂,当上臂到达水平姿势时,前旋前臂进一步提升哑铃高度(图4-11)。

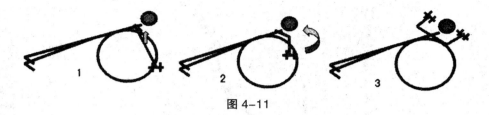

图 4—11

（四）仰卧快速斜推哑铃

运动员把瑞士球放在地面上，先坐在瑞士球上。向前迈步成仰卧姿势，头枕在球上，上背部支撑体重，双脚在地面上。做连续快速上推哑铃练习（图 4—12）。

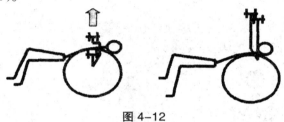

图 4—12

（五）双球支撑快速扩胸

运动员把两个瑞士球左右相邻放在地面上，俯卧用双臂的前臂支撑体重。双脚在地面支撑，身体与地面约成 30° 夹角。将两个球向外侧滚动，打开双臂，直到自己能够控制的动作幅度。然后回收双臂，球滚回原来位置（图 4—13）。

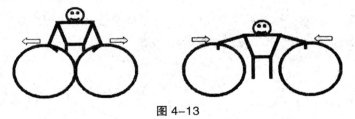

图 4—13

（六）立定跳远

运动员面对沙坑或垫子，双脚左右开立，与肩同宽，双臂上举并充分伸展身体。下蹲后双腿迅速蹬伸，向前上方跳起，前引双脚落地（图 4—14）。

图 4-14

（七）跨步跳

运动员双脚交替起跳和落地。跳起高度不要太高,摆动大腿与地面平行,步长比正常跑要大(图 4-15)。

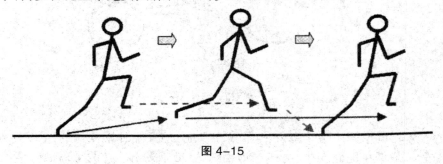

图 4-15

（八）单腿跳

运动员单脚重复起跳和落地。跳起高度不要太高,起跳腿在身体腾空中前摆,大腿与地面保持平行(图 4-16)。

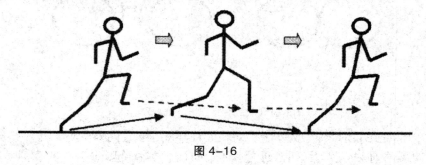

图 4-16

（九）连续蛙跳

运动员双脚重复起跳和落地。起跳和腾空动作与立定跳远基本相同（图 4-17）。

图 4-17

（十）跳栏架

采用栏架 8 ~ 10 个，高 40 ~ 60 厘米，栏间距约 1 米依次横向排列。运动员双脚起跳和落地依次越过各个栏架，连续进行（图 4-18）。

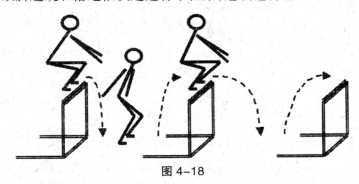

图 4-18

（十一）双腿起跳背越过杆

运动员背对海绵包和横杆，双脚左右开立，与肩同宽，双臂上举并充分伸展身体。下蹲后双腿迅速蹬伸，向后上方跳起，仰头形成背弓越过横杆。过杆后收腹、团身，背部落在海绵包上（图 4-19）。

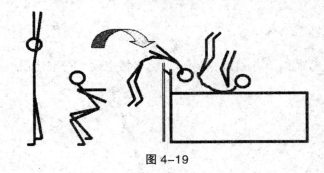

图 4-19

（十二）前抛实心球

运动员面对抛掷方向，双脚左右开立约一肩半宽，直臂双手持实心球或铅球举过头顶。团身下摆实心球或铅球至两小腿间并接近地面。迅速蹬腿、挺身、挥臂向身体前上方抛出实心球（图 4-20）。

图 4-20

（十三）跳起转体接实心球

运动员背对接球方向，双脚左右开立紧紧夹住轻实心球。迅速跳起，用双腿将轻实心球抛向空中，身体落地迅速转体接住实心球（图 4-21）。

图 4-21

三、移动速度具体训练方法

（一）原地快速高抬腿

运动员以短跑动作前后摆臂进行原地快速高抬腿,肘关节弯曲大约90°。前摆手摆到约肩部高度,后摆手摆到臀部之后。大腿摆到与地面平行（图4-22）。

图4-22

（二）高抬腿跑绳梯

运动员双脚在同一格内落地,尽快跑过每格约50厘米间距的绳梯（图4-23）。

图4-23

（三）双腿过栏架跑

摆放8~10个栏架,高约30~40厘米,间距约1米。运动员在栏架上做高抬腿跑;练习,在每一个栏间距内双脚落地,采用同一条攻栏摆动腿(图4-24)。

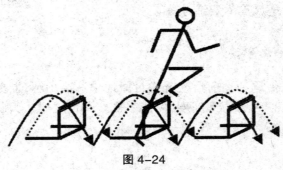

图 4-24

（四）拖轮胎跑

运动员腰部系上一条绳索,拖动一个汽车轮胎进行跑的练习(图4-25)。

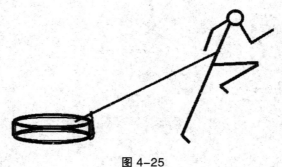

图 4-25

（五）快速跑

运动员呈站立式或半蹲式姿势,听到口令后出发,一开始要尽快发挥最大跑速,距离可分别为 30 米、60 米、80 米。反复练习。

（六）加速跑

一般可采用上坡加速跑 60 ~ 80 米,蹲踞式或站立式起跑后加速跑 20 ~ 40 米,由慢到快逐渐地均匀加速跑 60 ~ 80 米三种方式练习。要求逐渐加速,并高速完成练习。反复不断练习。

四、速度与加速度训练提高的方法

（一）负重短跑

负重短跑是提高青少年速度和加速度的重要手段和方法,这一方法在运动训练中得到了广泛的利用。这一项训练能有效地提升运动员的爆发力素质,对于那些速度项目来说具有重要的价值。例如短跑运动员,速度与加速度就非常重要。负重短跑常用的形式主要有以下几种。

（1）山地跑。倾斜度必须能够满足正确的起跑姿势和短跑动作。在一个 8° ~ 10° 的斜坡上,前 2.5 ~ 3 秒应跑过 10 ~ 30 码的距离,然后接下来应全速跑过 20 ~ 80 码的距离。

（2）阶梯跑。青少年运动员可以借助楼梯进行类似于山地跑的训练,在训练的过程中,运动员一定要注意角度的选择。

（3）带雪橇跑。带雪橇跑也是一个重要的提高速度素质的手段。雪橇上边一个备用轮胎加上一个绳索,外加一个捆绑重物的带子即可制成一个简易雪橇。还可以采用不同材质的形式来提高重量。但重量要依据青少年的身体特点及条件而定,重量一定要合适,不能过高也不能过低。在训练的过程中,教练员要指导运动员保持正确的身体姿势,同时还要保证一定的速度,逐步提高运动强度。

（二）跳跃训练

跳跃训练也能有效地提升青少年运动的速度与加速度,常用的跳跃训练方法主要有以下几种。

1. 垂直跳跃

运动员从慢跑开始,尽最大可能高地向上跳起,膝盖要上抬,一条腿落地后继续从地面跳起。反复进行练习（图 4-26）。

2. 向外跳跃

向外跳跃的方法和垂直跳跃有着相似之处,只是脚要横向地落到正常落地位置的外侧,身体要向外摆,向上,向前（图 4-27）。

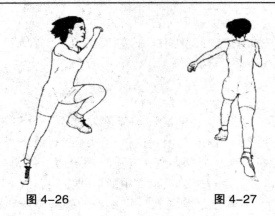

图 4-26　　　　　　　　图 4-27

3. 向内跳跃

这一训练方法与向外跳跃非常相似,只是脚要横向地落到正常落地位置的内侧,身体要向内摆,向上,向前(图 4-28)。

图 4-28

4. 踢臀练习

首先,运动员慢跑,在位置较低的腿要往回抬并离开臀部。位置高的腿不要移动太多,但脚后跟要碰到臀部。踢臀练习的强度相对较高,能有效地提高人体的速度与加速度素质,因此在运动训练中较为常用(图 4-29)。

5. 升降运动

首先运动员要将膝盖抬起到一个较高位置上,然后把脚放下再抬起。10 次为一组,反复不断的练习(图 4-30)。

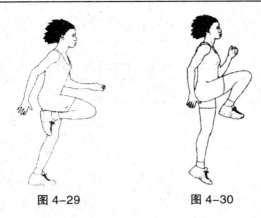

图 4-29　　　　　　　　图 4-30

6. 下压腿练习

下压腿练习也能有效促进青少年运动员速度与加速度的提高,这一训练方法像跨栏一样,腿在身前伸展,运动员运用爆发力下压腿和地面接触。每腿做 10 次为一组,如此反复练习(图 4-31)。

7. 非洲舞蹈练习

青少年运动员在向前跑的同时把腿抬起,小腿向后踢并接触身体,然后用手拍一下脚后跟。这一练习就是非洲舞蹈练习。在当今的运动训练中也较为常用。一般情况下,以跑 10 码的距离为一组,如此反复练习,能有效地提高速度与加速度(图 4-32)。

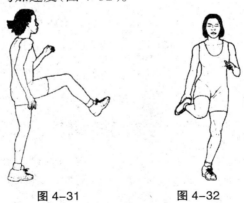

图 4-31　　　　　　　　图 4-32

（三）提高速度与加速度的训练计划

青少年运动员速度与加速度的提高非常重要,尤其是对于那些对速度素质要求的运动而言,一定要重视速度与加速度的练习。青少年运动员在参加速度与加速度训练时一定要注意制定一个科学的训练计划,这样才能保证运动训练的顺利进行。科学的速度与加速度训练计划见表4-1。

表 4-1　速度与加速度训练计划

训练内容	训练计划
提高加速度	超等长练习
	肌肉平衡训练
	功能性最大力量和爆发力训练
	短跑负重
	短跑辅助练习
增加步长度	加强肌肉不平衡训练
	功能性最大力量和爆发力训练
	超等长收缩
	短跑负重
	短跑辅助练习
	形体训练
	灵活性训练
增加步频	肌肉平衡训练
	短跑辅助练习
提高身体形态和耐力	形体训练
	速度耐力训练
	短跑负重

第三节　青少年运动员速度素质训练注意事项

在人的体能素质中,速度素质非常重要,它是运动员掌握和提高运动技能的关键所在。速度与力量的结合则构成速度力量,与耐力结合则构成速度耐力,由此可见速度素质的重要性。速度素质的作用主要取决于其项目特点以及运动员本身的生理特征。因此,速度素质的训练要结合青少年运动员的自身特点、运动基础、运动项目特点进行,这样才能取得理想的训练效果。

青少年运动员在参加速度素质训练时,需要注意以下几个事项,切实按照一定的要求进行训练,这是提高训练效果的重要保证。

一、合理安排训练时间与顺序

速度素质训练要讲究一定的训练时间的安排,切忌盲目进行,通常情况下,速度素质训练应安排在青少年良好的精神状态之下,如在训练课的前半部安排速度素质训练,这样能取得不错的训练效果。对于小周期的训练,周训练最好安排在大强度训练或调整性练习后的第一天进行;在大周期的训练中,主要安排在准备期的后期和比赛期的前期,这是被大量的实践所证明了的有效的训练安排。

青少年在速度素质训练中,除了要重视训练时间的安排之外,还要注意训练顺序的合理安排。一般情况下,速度训练应安排在力量训练之前,在具体的训练过程中,教练员可以指导运动员进行一些快跑或跳跃动作的练习,在进行速度素质的训练后再安排一些力量性训练,这样的训练安排才是科学和合理的,有利于获得理想的训练效果。

二、重视提高绝对速度

对于某些运动项目而言,运动员的绝对速度非常重要,如短跑项目就要求运动员必须具备出色的绝对速度。像短跑运动员博尔特就有着非常出色的绝对速度素质,这也是其屡次创造世界纪录的重要因素。一般情况下,绝对速度上占有优势,运动员就会在比赛中占有相对有利的地位。如对于大部分球类项目而言,绝对速度也非常重要。比如,网球运动员的绝对速度慢,在大角度来回奔跑中就会落下风;篮球项目速度水平低,就很难跟上对方的进攻节奏。由此可见,培养和提高青少年运动员的绝对速度素质非常重要。

三、注意克服速度障碍

运动员在进行长期的体能训练后,有时会出现一定的速度障碍现象。这一现象是指运动员达到较高速度水平后,在一定阶段长时间停滞不前,甚至略有下降、不再提高的现象。对于这种情况,教练员要及时调整训练思路,改变一贯的训练方法、负荷、要求;手段要多样化,尤其要注意使用阻力、助力的手段,进一步打好基本技术基础,突破障碍瓶颈。在进一步参加运动训练前,青少年要在教练员的指导下强化完成动作的肌群,提高力量和弹性,尤其是注意弹性力量的提高。只有克服了速度障碍,青少年运动员的速度素质才能得到很好的提升。

四、速度训练应与专项运动相结合

速度素质训练并不是孤立的,要结合运动专项进行,这是已被大量的运动实践所证明了的事实。青少年在进行速度素质训练时,要在教练员的指导下把所需的快速动作能力与具体项目的特有表现形式结合起来,根据项目特点和技术动作的要求加强感受器与运动器官一致性的训练。如短跑的反应速度练习,应着重提高运动员听觉的反应能力;体操的速度素质训练应着重提高运动员皮肤的触觉反应能力。只有将运动员的速度素质与专项运动相结合,才能达到理想的训练效果。

五、突出以爆发力为主的快速力量

速度可以说是人体爆发力素质在具体运动中的体现。作为一种极端的快速力量形式,爆发力在其中扮演着十分重要的角色。从运动生物力学的观点看,力量与速度都会对爆发力产生重要的影响。因此,这就要求运动量要尽量在有限的时间里展示力量的能力,要在平时的运动训练中加强爆发力训练,这是提高运动员快速力量的重要手段。

六、合理发展三个供能系统

运动员参加运动训练和比赛要消耗大量的能量,不同的运动形式其能量消耗也存在着一定的差异,其中主要是强度差异,对磷酸原系统、糖酵解系统、有氧氧化系统有着不同的依赖程度。要注意的是三个能量供应系统是一个完整、相通的体系,并不存在单独工作的现象,而是根据运动需要以某个系统为主。

七、注意个人情况和训练安全

（一）个人情况与训练相结合

速度素质训练的安排一定要科学和合理,除了遵循一定的训练原则之外,还要结合青少年的身体特点及运动基础进行。值得特别注意的是,在速度素质训练之间要保证运动员身体疲劳的完全恢复,训练的过程中要高度重视动作的准确性与规范性,要循序渐进地进行速度素质的训练,切实提高训练水平。

（二）保证运动训练环境的安全

为保证速度素质训练的效果,运动员还需要注意运动训练环境的安全。如果在训练过程中,运动员不注意力量以及动作幅度、动作频率等的限度,就容易导致运动损伤。一般来说,发生运动损伤的危险性还是比较高的。因此,青少年在参加速度素质训练时尤为注意训练环境的安全性。要保证运动训练中的安全,青少年要在教练员的指导下注意以下事项。

1. 做好充分的准备活动

青少年运动员在进行速度素质训练前要进行充分的准备活动,这样才能有效地避免运动损伤。如果准备活动不充分,会引起人体肌肉放松能力下降,容易导致运动损伤。因此,青少年运动员在进行速度素质训练前一定要做好专门的准备活动。

2. 结合训练时间和天气情况进行训练

在进行速度素质训练时,如果在早上安排训练,则尽可能地不要安排大强度的练习。青少年在参加运动训练的过程中,如果肌肉出现酸痛或其他不适感,就需要停止训练做必要的检查。

青少年运动员在气温较低的天气环境下参加运动训练时,除了注意做好充分的准备活动外,还要注意选择合适的服装,尽量穿透气、宽大的运动服。

3. 采用按摩、放松等训练手段

放松练习和按摩是促进运动员体能恢复的重要手段,在按摩时可以擦一些有利于促进血液循环的药品。除此之外,训练的过程中还要注意环境的安全。

八、培养正确的技术动作与协调性

在运动员的竞技能力结构中,技术是核心内容,它是运动员有效发挥体能的桥梁,因此在平时的运动训练中,技术训练都是最为重要的部分。如果没有符合生物力学要求和适应个人特点的技术动作,运动员完美的表现就不会出现。技术动作的合理性、实效性与人的协调性、灵敏性之间有着非常密切的相关性。协调能力是人体不同系统、不同部位、不同器官协同配合完成技术动作和战术活动的能力。协调能力的好坏会对技术、战术的形成和发展产生直接影响。协调性是灵敏素质的基础。灵敏素质的高低通常取决于平衡能力、速度、力量和协调能力。在青少年阶段,在日常运动训练中,要重视身体协调性、灵敏性的发展,这对于技术的形成与发展具有重要的意义。

九、训练应与其他身体素质全面发展

在运动员所有的体能素质中,速度素质非常重要,其发展与其他体能素质之间有着十分密切的关系。在绝大多数运动项目中,速度素质都是必需的,没有一个良好的速度素质就难以顺利完成比赛或者取得比赛的胜利。可以说,速度素质是运动员获得优异比赛成绩的重要因素之一,有时甚至是决定性因素,如短跑等项目。运动员的速度是关节协同发力的结果,但需要注意的是,人体速度与力量之间的发展并不是同步的。对于一些速度项目而言,尽可能早的进行技术动作的速度训练具有重要的意义。

第五章　青少年运动员耐力素质训练方略

耐力素质对青少年运动员运动能力的提升会起到很大的保障作用，可以说，任何运动技能如果没有耐力素质的支撑，都只能是空中楼阁或地基不稳的大楼。而对于青少年运动员所处的阶段来说，正是训练其耐力素质的绝佳时期。因此，本章就重点对青少年运动员耐力素质的训练方法进行指导。

第一节　耐力素质训练理论

一、耐力素质的概念

耐力素质，是指运动者在较长时间的运动中对疲劳予以克服和维持身体良好运动状况的能力。耐力素质对于很多运动项目来说都非常重要，只有运动者具备足够的耐力素质，才能在竞技比拼中占据优势。而在身体的五大素质中，任何一种素质的发挥都与其他素质产生一些关联，耐力素质也是如此。与耐力素质关联度最大的是力量素质与速度素质，两者相结合后，就产生了更加细致化的耐力，即力量耐力和速度耐力。

人体的生理机制决定了在进行了一段时间的身体活动后就会出现不同程度的疲劳感。疲劳的强度与运动负荷的大小、运动量的多少以及运动时间的长短有关。当疲劳出现时，机体的工作能力就会出现一定下降，下降的程度随着疲劳的程度不断增加。疲劳的出现与长时间运动后体内能量大量消耗有关，这是一种对身体的保护机制，也是机体内存留有大量运动代谢物的标志。但从运动训练的超量恢复理论角度上看，运动疲劳也是机体能力、素质等提高的基础，疲劳对于机体来说就成为一种刺激物。人的耐力正是一种与疲劳相对应、相抗衡的素质，良好的耐力素质有助于运动者延缓疲劳出现的时间，以及最大化减小疲劳给运动能力带来的影响。

实际上,疲劳的种类很多,除了人们最为熟知的机体疲劳外,还有精神、情感、感觉等疲劳。对于经常参加体育运动的运动者来说,机体疲劳和精神疲劳是最为显著的,这与他们经常参加训练或比赛活动有关。反过来说,如果训练和比赛没有让运动者产生疲劳感,那么他所参加的运动对他机体素质方面的提升几乎是零。但参加了具有一定强度的运动且感到疲劳后,疲劳又会对机体运动能力造成阻碍,运动时间随之减少,疲劳此时显然是拖累了运动。正因如此,运动员就要在日常训练中被安排许多与提升耐力素质有关的训练项目,以此尽量克服疲劳对运动能力的影响。

二、耐力素质的分类

在不同条件下,耐力素质会展现出不同的特点,为了方便研究相关内容,可将耐力素质依据不同标准进行分类。

(一)按运动时间分类

1.短时间耐力

短时间耐力,是人的运动持续时间在 45 秒至 2 分钟之间时的耐力。此时维持人体在这段时间中的运动的能量是通过无氧代谢提供的,在这段时间中的运动会逐渐形成较高的氧债。决定短时间耐力状况的身体素质主要为力量素质与速度耐力素质。

2.中等时间耐力

中等时间耐力,即运动持续时间 2 ~ 8 分钟所需的耐力。这种类型的运动的负荷通常比长时间耐力项目的要大。机体一旦处在运动中一定时间,氧的供应就会逐渐加大,甚至不能完全满足机体的运动需要,此时就逐渐积累出了氧债,氧债会随着积累越来越多。出现这种情况的原因为无氧系统与运动速度的正比关系。例如,在 1 500 米跑的运动中,无氧系统供能占总供能比的 50%,而在 3 000 米跑中这个数值为 20% 左右。如此直接证明了运动中机体对氧的吸收和利用的能力是对机体的运动能力构成较大影响的。

3.长时间耐力

长时间耐力,即运动持续时间达 8 分钟以上时的耐力。这类运动基本是由有氧代谢供应的能量支持的,在运动过程中机体的心血管系统和呼吸系统始终保持在较高水平的工作中。运动者在参加这类项目时的心率往往高达 170 ~ 180 次 / 分以上,心输出量约为 30 ~ 40 升 / 分。

（二）按代谢方式分类

1. 有氧耐力

有氧耐力,是指机体在氧气供应充分的情况下得以进行长时间运动的能力。机体的有氧代谢能力是机体对氧气的吸收、运输和利用能力的综合表现。只有当机体得到更好的有氧耐力训练后,才能提高自身输送氧气的能力,而这也是提高机体新陈代谢能力的有效方式。例如,球类运动和田径运动中的马拉松、越野跑、长跑、长距离竞走等长时间运动项目都需要运动员的身体具有较高的有氧耐力水平。

2. 无氧耐力

无氧耐力是机体在氧供应不足的情况下得以进行长时间运动的能力。通常在进行氧气供应不足的运动时会考验运动员的无氧耐力。此时的机体在无氧条件下进行运动时会产生大量氧债,而这类运动所产生的氧债,一般都需要在运动结束后才能得到偿还。因此,机体进行无氧耐力练习的主要目的是为了提高自身抗氧债运动的能力。而在无氧耐力中,我们还可以将其分为非乳酸供能的无氧代谢和乳酸供能的无氧代谢两种形式。

3. 有氧与无氧混合耐力

有氧与无氧混合耐力是一种介于有氧耐力和无氧耐力之间的特殊耐力,进行此类运动时,机体的有氧和无氧代谢同时参与供能。通常运动的持续时间长于无氧耐力而短于有氧耐力。例如拳击、摔跤、柔道、跆拳道等对抗性项目,以及田径运动中 400 米、400 米栏和 800 米等项目都是需要有氧和无氧混合耐力的(表 5–1)。

表 5–1　耐力训练的四个区段

区段序号	区段	乳酸含量
1	代偿阶段	0 ~ 23
2	有氧阶段	24 ~ 36
3	有氧与无氧相结合阶段	37 ~ 70
4	无氧阶段	71 ~ 300

（三）按肌肉工作方式分类

1. 动力性耐力

动力性耐力，是指机体在长时间的动力性肌肉工作中克服疲劳的能力。例如，长跑、游泳等运动中都有所体现。

2. 静力性耐力

静力性耐力，是指机体在长时间的静力性肌肉工作中克服疲劳的能力。例如，射击、射箭、吊环支撑动作等运动或动作中都有所体现。

（四）按身体活动部位分类

1. 身体部位耐力

身体部位耐力，是指机体某一部位在一定时间、一定运动负荷内克服疲劳的能力。例如，对运动者的上肢肌肉耐力进行训练，需要安排一些反复进行的力量练习，随着训练的继续，上肢肌肉会逐渐出现疲劳，甚至是酸痛感，若继续训练，则上肢会出现力量不足，无法继续维持该动作的情况。这就是身体局部部位的疲劳，该动作训练的也仅仅是上肢的耐力。在体能训练中，决定身体局部耐力水平提高的是一般耐力训练的水平。

2. 全身耐力

全身耐力，是指整个机体在一定时间、一定运动负荷内克服疲劳的能力。全身耐力的水平是最直接反映机体耐力水平的指标。

（五）按运动项目分类

1. 一般耐力

一般耐力，是指机体整体在做一定运动时间和一定运动负荷的全身性运动的工作能力。人的一般耐力是其参与所有对体能有一定要求的运动项目的基础，然而其也会因为运动项目对耐力素质的不同需求而有所区别。鉴于此，在做一般耐力的相关练习时也不能忽视其与运动专项耐力之间的关系，只有将两者结合运用才能收获最佳的耐力训练效果。

2. 专项耐力

专项耐力，是指运动者服务于专项运动成绩而克服专项负荷所产生的疲劳的能力。不同的体育运动项目有不同的专项耐力特点。例如,田径中的短跑、足球、篮球等运动的专项耐力更专注于速度耐力;举重、体操等运动的专项耐力更专注于静力性耐力。运动者在接受专项耐力训练时往往要承受较大的训练负荷,接受了一段时间的训练后,机体的专项耐力水平就会依据一定的阶段性有所提升。另外,专项耐力的训练还会帮助机体建立其一套耐力储备机制,如此会使机体获得更佳的耐力训练效果,进而为训练和比赛做好充足的体能储备。

三、影响耐力素质训练效果的因素

（一）先天生理因素

1.影响有氧耐力的生理学因素

（1）氧运输系统的功能水平

人体的氧运输系统是由呼吸系统、血液循环系统共同组建的,其功能作用为机体提供氧气的运输、营养物质运输以及代谢产物的运输,这些运输能力的好坏直接决定了运动员的有氧耐力水平。其中最为关键的要素为血液装载和运载氧气的能力以及心脏的泵血能力。再细化来分析可知,血液的运氧能力的高低受血液中血红蛋白含量高低的左右。正常情况下,体内 1 克的血红蛋白可"装载"氧气 1.34 毫升,而血红蛋白含量越高,自然可装载的氧气就越多。普通的成年男性每 100 毫升血液中的血红蛋白含量约为 15 克,每 100 毫升血液中血氧容量约为 20 毫升,而女性和少年儿童的这一数值要略低于成年男性。对于一些经常从事耐力性运动项目的运动员来说,其机体的血液中含血红蛋白的数值可达每 100 毫升 16 克,这直接换来的就是比普通人更大的血液载氧量,进而其拥有更好的耐力与更快的代谢过程。评价心脏泵血功能水平高低的数值为最大心输出,这个数值越大,外周肌肉组织在单位时间就可获得更多的血流量,随即带来的就是更大的氧气运输量。在对从事耐力性运动项目的运动员的生理机能进行的研究中发现,这些运动员的心室腔容积和心室壁厚度都要高于常人,甚至是高于那些非耐力性项目的运动员。不仅如此,在专业的体能训练下,这些运动员的心肌力非常大,使得他们心脏的每搏输出量高达 150 ～ 170 毫升,这个数值高于普通成人 50%。这些都是其具有较高的氧运输功能的生理学基础。

（2）骨骼肌利用氧的能力

人体肌肉摄取氧的方式为从流经毛细血管的血液中获得。在运动生理学的许多研究中显示,决定肌肉摄取和利用氧的能力的因素主要为肌纤维类型及其有氧代谢能力。在众多肌纤维类型中,I型肌纤维拥有最高的有氧代谢酶活性,这能促进肌肉对氧的摄取和利用。这一理论在对耐力型运动员的研究实践中已经得到了证实。耐力型运动员往往具有更高的慢肌纤维百分比,相应的线粒体数量就更多,有氧氧化酶活性高,毛细血管分布密度大,这些都会促使他们的肌肉获得出色的对氧的摄取与利用能力。相关学者最终认定一点,那就是运动员机体的有氧耐力水平的中心机制为心输出量,而决定有氧耐力水平的外周机制则是肌纤维的类型及其占比。

除此之外,还有一点因素能够决定骨骼肌对氧的摄取与利用能力,那就是无氧阈。以无氧阈的最大吸氧量相对值表示法为例,比值越高,肌肉的氧利用能力就越强。一般耐力型运动员的无氧阈最大吸氧量可以达到80%以上,这一数值高于普通成年人20%。

(3)神经系统的调节能力

耐力素质训练往往会对运动员的神经系统有着较高的要求,这种要求的关键在于其需要运动员的神经系统始终保持在一定的兴奋等级上,并且还要做到抑制节律性转换,以此来更好地协调机体的运动中枢和内脏中枢,这样就能使得肌肉的收缩和舒张处于良好的节律之中。研究显示,通过参加耐力素质训练可有效调节运动者的神经系统,反过来机体在获得了训练之后也能更好地适应训练,而这就成为耐力型运动员坚持长期长时间训练并获得成效的机理之一。

(4)能量供应及其利用效率

为运动员参加耐力素质训练提供能量的主要是肌糖原和脂肪的有氧氧化供能。实践研究表明,一旦运动员体内的肌糖原储量不足,便会很大程度上影响其耐力运动成绩。而如果肌糖原的储备丰富的话,且对有氧氧化产生的能量能够高效利用,同时还能充分利用脂肪的话,则可显著提升机体的耐力水平。

机体对能量的利用效率能否获得提升的关键就在于机体在单位耗氧量下的做功能力。相关研究表明耐力型运动员之间的成绩差异很大程度上与机体能量利用效率水平有关,这一关联度高达65%。

(5)年龄与性别

人的机体最大摄氧能力会随着人的发育而改变。男性到16岁、女性到14岁时,他们的最大摄氧能力几乎达到最大值。在14岁时,男性与女性的最大吸氧量的绝对值相差约25%,16岁时这一数值为50%。然而除了绝对值外,这里面还需要引进一个相对值的概念,以"毫升/(千克·分)"来表示。在 6 ~ 16 岁期间,男性的最大吸氧量基本在 53 毫升/(千克·分)左右,而女性则从 52.0 毫升/(千克·分)缓慢下降到 40.5毫升/(千克·分)。这种情况的出现与女性体内脂肪逐渐增加且含量高于男性有关。当男性和女性的年龄达 25 岁之后,机体的最大吸氧量开始逐年递减,递减速度为每年 1% 左右,而他们到 55 岁之后时,机体的最大吸氧量与 20 岁时相比已经减少大约 27% 左右。

2. 影响无氧耐力的生理学因素

(1)骨骼肌的糖无氧酵解供能能力

为机体的无氧耐力提供能量的主要为无氧酵解过程,这个过程也是以消耗肌糖原为代价的,而机体中肌纤维百分构成和糖酵解酶催化活性给无氧酵解供能的过程带来的是主要影响。在分析了多种代谢性质项目的运动员身体结构后发现,运动员在训练后,他们之间的肌纤维百分构成和糖酵解酶活性会有较大变化,不同项目的变化见表 5-2。由此也证明了以上两项因素对无氧耐力发展方面起到了决定性的作用。

表 5-2　不同竞赛项目运动员肌纤维组成和无氧代谢酶活性的比较

项目	慢肌/(%)	乳酸脱氢酶/(微当量/克·分 $^{-1}$)	磷酸化酶/(微当量/克·分 $^{-1}$)
男子短跑	24.0	1287	15.3
男子中长跑	51.9	868	8.4
男子长跑	69.4	764	8.1
女子短跑	27.4	1 350	20.0
女子中长跑	60.0	744	12.6

(2)对酸性物质的缓冲能力

在进行肌肉中的糖酵解过程中会产生大量的 H^+,这些物质会存留在肌细胞内且会扩散到血液中,从而改变了肌肉和血液的原有 pH 值,使其开始呈酸性趋势,如此就打乱了原本相对平衡的细胞和内环境。在人体肌肉和血液中,实际上始终存在着一些用于对酸性物质产生中和作用的物质,这种物质是由弱酸以及弱酸与强碱生成的盐以一定比例混合形成的液体,其作用就在于维持体内 pH 值的稳定。诸多研究都表明,耐力型运动员的身体耐酸能力普遍强于其他非耐力型运动员。为此,要想提高自身的耐酸能力,就可以通过无氧耐力训练的方式来实现,而这也是提高机体无氧耐力水平的方式。然而,直到今天也没有一项研究可以证明无氧耐力训练能对提高机体的酸碱缓冲能力有绝对效果。因此,这一观点的有效性还需要更多的实践与研究来论证。

（3）神经系统对酸性物质的耐受能力

随着耐力性运动的进行,体内的酸性物质会逐渐增多并积累,尽管如此,存在于肌肉和血液中的缓冲物质也可以缓解过多酸性物质积累所带来的不利后果,然而其却对肌肉和血液的 pH 值降低没有太多办法。人体的常规血液的 pH 值为 7.4,呈弱碱性,骨骼肌细胞液的 pH 值为 7.0 左右,基本呈中性。然而一旦机体要进行剧烈或时间较长的运动时,血液和骨骼肌细胞内 pH 值就会显著降低,为血液 pH 值降至 7.0 左右,骨骼肌细胞液的 pH 值甚至会低至 6.3。过低的 pH 值造成的影响主要为降低了神经系统对运动肌的驱动和对不同肌群活动的协调作用,这会抑制机体对运动单位的激活以及对中枢神经的有效控制。因此,唯一有效抵御这一问题的方法就是参加无氧耐力训练,这对提升神经系统对酸性物质的耐受力有较大帮助。

（二）个性心理特征

运动员耐力水平的发展还与其运动动机、运动兴趣、运动时的心理稳定性和意志品质有关。其中,意志品质的作用显现出了更加突出的作用。实践中经常能够发现,一些运动员在挑战自身的耐力水平时经常会由于意志品质不坚定而放弃坚持,但实际上他们的耐力还足够维持运动很长一段时间,由此看来没有顶住这口气的原因很大程度上与意志力不坚定有关。强大的意志力可以给神经中枢带来一定的催化作用,以此可以适当提高机体工作水平,如果这口气顶不住,即便体能还够,却也败下阵来。众多事实证明,人的耐力潜力是非常巨大的,但要想激活这个潜力,唯有将意志力充分调动起来才行。

（三）运动技能水平

对于运动员经常参加的训练和比赛活动而言,耐力素质是非常重要的身体素质之一,特别是对于某些对耐力有着极高要求的运动项目来说,运动员耐力素质的高低直接决定了他们的运动成绩。因此,不管是哪项体育运动,在体能训练中都会将耐力素质作为训练的重点内容对待。在体育项目的耐力训练中,运动技能水平也决定着耐力素质的发展,较高的运动技能水平是可以带动耐力素质的提升的。

第二节　青少年运动员耐力素质训练方法

一、有氧耐力训练

（一）走跑类有氧耐力训练

1. 水中快走或大步走

水中快走与大步走训练是在深度及大腿的水池中进行。练习方式为安排4至5组，每组150～300米，每组间隔时间5分钟，运动强度设置为50%～55%最大摄氧量。

2. 定时走

在平坦场地做自然走或加快走练习。练习时间30分钟，运动强度设置为40%～50%最大摄氧量。

3. 大步走、交叉步走或竞走

在平坦场地做大步快走、交叉步走或几种走交替进行的练习。练习方式为安排4至6组，每组1000米，每组间隔时间3～4分钟，运动强度设置为40%～50%最大摄氧量。

4. 沙地连续走或负重走

海滩沙地徒手快走或负重（杠铃杆或背人）走。练习方式为安排5至7组，每组400～800米，然后再进行负重走200米，每组间隔时间3分钟，运动强度设置为45%～60%最大摄氧量。练习时应控制心率低于160次/分钟。

5. 沙地竞走

在沙滩上进行竞走练习。练习方式为安排4至5组，每组500～1000米，每组间隔时间为3分钟，运动强度设置为55%～60%最大摄氧量。

6. 竞走追逐

在平坦场地中两人一前一后相距10米进行竞走追逐练习。练习方式为安排4至6组，每组400～600米，每组间隔时间2分钟。

（二）游戏类有氧耐力训练

1.3 分钟以上跳绳或跳绳跑游戏

做原地跳绳 3 分钟或跳绳跑 2 分钟练习。练习方式为安排 4 至 6 组，每组间隔时间 5 分钟，运动强度设置为 45% ~ 60% 最大摄氧量。每组练习结束后运动者心率应在 140 ~ 150 次 / 分钟，下组练习开始前运动者心率应恢复到低于 120 次 / 分钟以下。

2. 篮球"斗牛"游戏

利用篮球场的半场或全场进行"斗牛"比赛。练习时间不低于 30 分钟，运动强度设置为 45% ~ 60% 最大摄氧量。

3.5 分钟以上的循环游戏

从众多列出的若干练习项目中选择 8 ~ 10 个组成一套循环游戏。练习方式为安排 3 ~ 5 组，每组间隔时间为 5 ~ 10 分钟，练习时间为不低于 5 分钟，在此时间内要确保完成一套循环游戏，游戏结束后运动者心率应在 140 ~ 160 次 / 分钟，运动强度设置为 40% ~ 60% 最大摄氧量。下组练习开始前心率应恢复到低于 120 次 / 分钟。

4.5 分钟以上的跳舞游戏

跳舞游戏可选择的舞种可以是健美操，也可是迪斯科等，选择多样。练习方式为安排 4 ~ 6 组，每组间隔时间 5 ~ 8 分钟，练习时间为 5 分钟，运动强度设置为 40% ~ 60% 最大摄氧量。练习中应将心率控制在 160 次 / 分钟以下。

二、无氧耐力训练

（一）陆地无氧耐力训练

1. 原地间歇高抬腿跑

做原地高抬腿练习。若重点发展非乳酸性无氧耐力，则应安排 6 ~ 8 组时间分别为 5 秒、10 秒和 30 秒的快速高抬腿练习，每组间隔时间设置为 2 ~ 3 分钟，训练强度设置为 90% ~ 95% 最大摄氧量。若重点发展乳酸性无氧耐力，则应安排 6 ~ 8 组时间为 1 分钟练习或次数为 100 ~ 150 次一组的练习，每组间隔时间设置为 2 ~ 4 分钟。训练强度设置为 80% 最大摄氧量。

2. 高抬腿跑转加速跑

做行进间高抬腿跑练习,距离为 100 米,其中 20 米为高抬腿跑,80 米为加速跑。共安排 5～8 组,每组间隔时间设置为 2～4 分钟。训练强度设置为 80%～85% 最大摄氧量。

3. 原地或行进间车轮跑

做原地或行进间车轮跑练习,每组 50～70 次,共安排 6～8 组,每组间隔时间设置为 2～4 分钟。训练强度设置为 75%～80% 最大摄氧量。

4. 间歇后蹬跑

做行进间后蹬跑练习,每组 60～80 米,共安排 6～8 组,每组间隔时间设置为 2～3 分钟。训练强度设置为 80% 最大摄氧量。

5. 反复起跑

做起跑练习,起跑后继续跑进 30 米,每组 3～4 次,共安排 3～4 组,每次间隔时间设置为 1 分钟,每组间隔时间设置为 3 分钟。

6. 计时跑

做短距离重复计时跑。共安排 4～8 组,每组间隔时间设置为 3～5 分钟。训练强度设置为 70%～90% 最大摄氧量。在设定训练强度时要依据跑动距离而定。

7. 反复连续跑台阶

做跑台阶练习,台阶数量为 30～40 个,要求每步迈 2 级台阶,每组间隔时间设置为 5 分钟。训练强度设置为 65%～70% 最大摄氧量。

8. 迎面拉力反复跑

组织 4 或 5 人的队伍两个,相距 100 米做迎面接力跑,每人重复 5～7 次。训练强度设置为 70%～80% 最大摄氧量。

9. 反复加速跑

做加速跑练习,跑动距离不低于 100 米。跑动完成后改为放松走,然后再跑,如此反复 8～12 次。训练强度设置为 70%～80% 最大摄氧量。

10. 反复超赶跑

安排 10 人为一组排列成纵队,开始后要求 10 人一同开始朝同一方向慢跑或中等速度跑,然后排在队尾的人加速跑至队首,依次进行,每人重复循环 6 ～ 8 次。训练强度设置为 65% ～ 75% 最大摄氧量。

11. 变速跑

若重点发展非乳酸性无氧耐力,则可以 50 米快、50 米慢、100 米快、100 米慢或直道快、弯道慢或弯道快、直道慢等形式安排练习。若重点发展乳酸性无氧耐力,则可以 400 米快 200 米慢,或 300 米快 200 米慢,或 600 米快 200 米慢等形式安排练习。训练强度设置为 60% ～ 80% 最大摄氧量。

12. 变速越野跑

在越野路段慢跑,然后做距离为 1 000 米的快速跑,然后再做 100 米的冲刺跑,训练强度设置为 60% ～ 70% 最大摄氧量。

13. 两人追逐跑

两人一组,彼此间隔 10 ～ 20 米。开始后,在 800 米之内后面人追赶前面人,安排 4 ～ 6 组,每组间隔时间设置为 3 ～ 5 分钟,每次完成后交换追逐对象。训练强度设置为 65% ～ 75% 最大摄氧量。

14. 上下坡变速跑

做上下坡变速跑练习,坡度设置为 7°～ 10°,距离设置为 100 ～ 120 米。要求上坡时做快速跑,下坡时做慢速跑。练习安排为 3 ～ 5 组,每组完成 4 ～ 6 次,每组间隔时间设置为 10 分钟。训练强度设置为 65% ～ 75% 最大摄氧量。

15. 球场往返跑

练习者在篮球场端线准备,开始后快速跑到对面端线后折返。练习为 4 ～ 6 组,每组往返 4 ～ 6 次。训练强度设置为 60% ～ 70% 最大摄氧量。

16. 连续侧滑步跑

身体侧对前进方向做侧向滑步跑,距离设置为 100 ～ 150 米。练习安排为 5 ～ 6 组,每组间隔时间设置为 3 ～ 5 分钟,训练强度设置为 60% ～ 70% 最大摄氧量,训练中的心率应达到 160 次 / 分钟。

17. 综合跑

做多种方向的跑。练习安排为 3 ～ 5 组,每组安排一种跑步方式,跑动距离为 50 ～ 100 米,每组间隔时间设置为 3 ～ 5 分钟,训练强度设置为 60% ～ 70% 最大摄氧量。

18. **往返运球跑**

训练者在篮球场一端线外持球准备,练习开始后运球跑至另一端线后折返,折返段以另一手运球,往返 6 次为一组,练习安排 4 ~ 6 组,每组间隔时间设置为 2 分钟。训练强度设置为 60% ~ 75% 最大摄氧量。

19. **往返运球投篮**

训练者在篮球场一端线外持球准备,练习开始后运球跑至另一半场的篮筐下投篮,投中后再运球折返投篮。练习安排 4 ~ 6 组,每组往返 4 次,每组间隔时间设置为 3 分钟,训练强度设置为 55% ~ 60% 最大摄氧量。

20. **运球绕障碍**

在篮球场中摆放障碍物若干,障碍物彼此间的距离为 2 米。开始后训练者做快速运球绕障碍物往返跑。练习安排为 3 ~ 5 组,每组 3 ~ 5 次,每组间隔时间设置为 5 分钟。要求运球过程中不得触碰障碍物。

21. **全场跑动传接球**

两人一球,在场地端线外准备。开始后两人互相传球跑向另一端线,然后折返。练习安排为 4 ~ 6 组,每组往返 4 次,每组间隔时间设置为 8 ~ 10 分钟,训练强度设置为 60% ~ 70% 最大摄氧量。每组间隔中当训练者的心率降至 100 次 / 分钟以下后再开始下一组训练。

22. **跳绳跑**

单摇跳绳跑 200 米,安排 5 ~ 8 次,每次间隔时间设置为 5 分钟。训练强度设置为 60% ~ 70% 最大摄氧量。每组间隔中当训练者的心率降至 120 次 / 分钟以下后再开始下一次训练。训练结束后时心率达 160 次 / 分钟。

23. **跳绳接力跑**

将训练者分为两队,相距 100 米,做往返跳绳接力跑。练习安排为 4 ~ 6 组,每组往返 4 次,每组间隔时间设置为 5 分钟,训练强度设置为 60% ~ 65% 最大摄氧量。

24. **双脚或双脚交替跳藤圈**

训练者手握藤圈,做原地双脚跳藤圈练习。练习安排为 4 ~ 5 组,每组 50 ~ 60 次,每组间隔时间设置为 3 分钟。训练强度设置为 50% ~ 60% 最大摄氧量。

25. 两人传球—绕障碍运球—跑动射门的组合训练

两名训练者持一球在足球场端线外准备。开始后向中场方向互相跑动传球,过中场后两人交叉运球,传接绕障碍,障碍的摆放方式为每隔 2 米放置一个标志杆,共摆放 10 个,然后射门。练习安排为 4 ~ 6 组,以往返 2 次为一组,每组间隔时间设置为 5 分钟,训练强度设置为 60% ~ 65% 最大摄氧量。

26. 两人跑动传接球—抢断球—连续射门的组合训练

两名训练者持一球在足球场端线外准备。开始后向中场方向互相跑动传球,过中场后两人做抢断球练习,临近禁区线时做射门练习。练习安排为 2 ~ 3 组,每组间隔时间设置为 3 分钟,训练强度设置为 55% ~ 70% 最大摄氧量。

(二)水中无氧耐力训练

1. 水中间歇高抬腿

在水深及大腿的池中做原地高抬腿练习,练习安排为 4 ~ 6 组,每组 100 次,每组间隔时间设置为 3 分钟,训练强度为 60% ~ 65% 最大摄氧量。如果在池中做高抬腿跑练习,则每组间隔时间可为 4 ~ 5 分钟。

2. 分段变速游泳

以 50 米为距离单位做变速游泳练习,练习安排为 4 ~ 5 组,每组 250 ~ 300 米,每组间隔时间设置为 10 分钟,训练强度为 65% ~ 75% 最大摄氧量。在快速阶段中的游进速度应为最快速度的 70% 以上。

3. 水中变姿变速游

以 50 米为距离单位做变姿变速游泳练习,练习安排为 4 ~ 5 组,每组 250 ~ 300 米,每组间隔时间设置为 10 分钟,训练强度为 65% ~ 75% 最大摄氧量。游进的速度应包含慢、中、快三种。

4. 水中短距离间歇游

做不同距离的间歇游泳练习。练习安排为 3 ~ 4 组,每组 3 ~ 4 次,每次间歇 2 ~ 3 分钟,每组间隔时间设置为 10 分钟,训练强度为 60% ~ 70% 最大摄氧量。游进的速度应包含慢、中、快三种。

5. 水中追逐游

两人在出发前彼此相距 3 ~ 5 米,出发后后面的人追逐前面的人,两人采用同一种泳姿,以 50 米为单位做往返。练习安排为 3 ~ 5 组,训练强度为 65% ~ 75% 最大摄氧量。训练中的运动者心率不低于 160 次 / 分钟。

6. 游泳接力

两人或四人以 50 米为距离做往返接力练习,泳姿不限。练习安排为 3 ~ 4 组,每人游 4 次为一组,每组间隔时间设置为 5 ~ 8 分钟,训练强度为 60% ~ 70% 最大摄氧量。

三、肌肉耐力训练

对肌肉耐力素质训练的内容大部分与力量素质训练相同,但不同点在于耐力素质训练的强度更小一些,而训练的持续时间和重复次数则更多。根据不同运动项目的特点,选择不同匹配比例的训练。由于体育运动更多地运用人的四肢,因此在训练中应着重强调对这些部位的耐力训练。具体的肌肉耐力训练方式有以下几种。

(一)增强上肢肌肉耐力训练

1. 拉胶皮带

拉胶皮带的练习要与运动专项练习相结合。常见的拉胶皮带的练习有拉胶皮带扩胸或拉胶皮带支撑高抬腿,在练习时拉动的力量和次数要以运动者的身体素质为依据,训练强度为 55% ~ 60% 最大摄氧量。

2. 连续引体向上或屈臂伸

做连续引体向上或屈臂伸练习。练习安排为 4 ~ 6 组,每组 20 ~ 30 次,每组间隔时间设置为 5 分钟,训练强度为 50% ~ 60% 最大摄氧量。

3. 双杠支撑连续摆动

做双杠上直臂支撑摆动练习。练习安排为 4 ~ 5 组,每组 40 次,每组间隔时间设置为 3 分钟,训练强度为 40% ~ 55% 最大摄氧量。要求摆动的幅度为两腿高于杠的水平面,过程中两腿应保持并拢。

4. 双杠支撑前进

在双杠上做直臂支撑前行的练习。练习安排为 3 ~ 5 组,每组往返 5 次,每组间隔时间设置为 5 分钟,训练强度为 50% ~ 55% 最大摄氧量。

5. 吊环或单杠悬垂摆体

在吊环上或单杠上做直臂悬垂练习或摆锤练习。练习安排为 4 ~ 5 组,每组 30 次,每组间隔时间设置为 5 分钟,训练强度为 50% ~ 55% 最大摄氧量。摆动过程中要求身体始终保持直立,摆动幅度越大越好。

6. 手倒立

独立做手倒立练习。练习安排为 3 ~ 4 组,每组倒立时间为 2 ~ 4 分钟,每组间隔时间设置为 5 分钟,训练强度控制在 40% ~ 50% 最大摄氧量。

(二)增强下肢肌肉耐力训练

1.1 分钟立卧撑

原地站好准备,开始后做立卧撑练习。练习安排为 4 ~ 6 组,每组 1 分钟,每组间隔时间设置为 5 分钟,训练强度为 50% ~ 55% 最大摄氧量。为了增加运动者的训练负荷,还可穿上沙背心做该练习,或是在站起加上一个跳起的动作,如此训练可以 30 次为一组,每组间隔时间为 10 分钟。

2. 重复爬坡跑

在 15° ~ 20° 的斜坡上做上坡跑练习。练习安排为 5 次,跑动距离不低于 250 米,每次间隔时间设置为 3 ~ 5 分钟,训练强度为 60% ~ 70% 最大摄氧量。

3. 连续半蹲跑

半蹲的标准为大小腿成 100° 角左右的弯曲度,在这个姿势下跑进 50 ~ 70 米。练习安排为 5 ~ 7 次,每次间隔时间设置为 3 ~ 5 分钟,训练强度为 60% ~ 65% 最大摄氧量。该练习可不对跑动速度作要求。

4. 连续跑台阶

做连续跑台阶练习。台阶高度为 20 厘米,每步迈 2 级,连续跑 30 ~ 50 步,重复 6 次,每次间隔时间设置为 5 分钟,训练强度为 55% ~ 65% 最大摄氧量。间隔休息时应将心率恢复到 100 次 / 分钟一下,再行开始下一次练习。为增加负荷,可在练习时给运动者的腿上戴上沙袋。

5. 沙滩跑

在沙滩上做自由跑练习。练习安排为 4 ~ 6 组,每组 500 ~ 1 000 米,每组间隔时间设置为 10 分钟,训练强度为 50% ~ 55% 最大摄氧量。练习没有对速度做出明确要求,但要求有快速与慢速的显著变化。

6. 逆风跑或负重耐力跑

在有大风的天气下做持续长距离逆风跑练习。练习安排为 4 ~ 6 次,每次间隔时间设置为 5 分钟,训练强度为 55% ~ 60% 最大摄氧量。

7. 连续换腿跳平台

在平台高度 30 ~ 45 厘米前做两腿交替跳平台练习。练习安排为 3 ~ 5 组,交替次数为 60 ~ 100 次,每组间隔时间设置为 3 分钟,训练强度为 55% ~ 65% 最大摄氧量。练习中要求上提保持正直,两臂自然摆动。

8. 长距离多级跳

做长距离多级跳练习,练习安排为 3 ~ 5 组,每组跳 80 ~ 100 米,每组间隔时间设置为 5 分钟,训练强度为 60% ~ 70% 最大摄氧量。

9. 半蹲连续跳

采取半蹲姿势做连续双脚跳练习。半蹲的标准为膝关节弯曲的角度为 90° ~ 100° 。练习安排为 3 ~ 5 组,每组 20 ~ 30 次,每组间隔时间设置为 5 分钟,训练强度为 55% ~ 60% 最大摄氧量。

10. 连续深蹲跳

原地做连续深蹲跳起练习。练习安排为 3 ~ 5 组,每组 20 ~ 30 次,每组间隔时间设置为 5 ~ 7 分钟,训练强度为 55% ~ 65% 最大摄氧量。练习要求为落地即起。

11. 沙地负重走

在沙地上做负重走练习。练习安排为 5 ~ 7 组,每组 200 米,每组间隔时间设置为 3 分钟,训练强度为 55% ~ 60% 最大摄氧量。练习中应使运动者的心率达到 130 ~ 160 次 / 分钟之间。负重的方式可选择为肩扛杠铃杆、背人等。

12. 沙地竞走

在沙地上做竞走练习。练习安排为 4 ~ 5 组,每组 500 ~ 1000 米,每组间隔时间设置为 3 分钟,训练强度为 55% ~ 60% 最大摄氧量。练习要求竞走的动作要规范,速度尽量保持快速。

13. 沙地后蹬跑或跨步跳

在沙地上做后蹬跑或跨步跳练习,练习安排为 3 ~ 5 组,后蹬跑每组 80 ~ 100 米,跨步跳每组 50 ~ 60 米,每组间隔时间设置为 5 分钟,训练强度为 55% ~ 70% 最大摄氧量。

14. 水中支撑高抬腿

在深度及腿的水池中做两手扶池壁前倾支撑的高抬腿练习。练习安排为 4 ~ 6 组,每组 50 次,每组间隔时间设置为 5 分钟,训练强度为 55% ~ 60% 最大摄氧量。

15. 负重连续转跳

做原地负重转跳。练习安排为 6 ~ 8 组,每组 30 ~ 50 次,每组间隔时间设置为 3 ~ 5 分钟,训练强度为 40% ~ 50% 最大摄氧量。负重的方式可选择为肩扛杠铃杆或持铅球等。

16. 双摇跳绳

做双摇跳绳练习。练习安排为 4 ~ 6 组,每组 30 ~ 40 次,每组间隔时间设置为 5 分钟,训练强度为 55% ~ 60% 最大摄氧量。双摇跳绳的动作要标准,运动者在间歇时间中要获得足够的休息,待心率降到 120 次 / 分钟以下时再开始下一组练习。

第三节 青少年运动员耐力素质训练注意事项

一、应严格遵循训练原则进行训练

青少年运动员基本都处于青春发育期阶段,此时进行的耐力素质训练要关注到他们生长发育阶段的特点,据此选择恰当的手段与比重安排。而对于大多数运动员来说,在这个年龄基本都是刚开始接触有一定强度的耐力训练,为此应严格遵循各项训练原则进行训练,具体的原则如下。

（1）时机性原则。不论是一般耐力素质训练还是专项耐力素质训练,其开展都要掌握得当的时机。

（2）周期性原则。耐力素质训练应呈现出周期性特点,且其中的周期要确保是在科学的指导下安排的。

（3）一致性和协调性原则。耐力素质训练要与之所需求的运动成绩拥有统一的目标,两者要实现协调一致。

（4）针对性和持续性原则。耐力素质训练对于运动员来说要有一定的针对性,且这种训练必须是连贯进行的,任何中途的暂停与缺失都难以维持耐力素质的稳步上涨。

（5）循序渐进原则。训练负荷要从小到大逐渐增加,这是提升训练安全性所要求的。

二、注重运动者意志品质的培养

耐力素质训练中的内容和方式对于大多数运动员来说都是枯燥和单一的,难以调动起他们的兴趣,但这项训练又是不能缺少和忽视的。为此,就要从培养他们的意志品质入手,以此提升他们的心理内驱力,这会在他们的身体承受较大运动负荷时给予他们坚定的信念,鼓励他们坚持不懈的态度。

三、关注训练中正确的呼吸节奏

在耐力素质训练中,机体需要大量的氧供应,这对呼吸系统机能是一个较大的考验。为此,正确的呼吸节奏就成为提升耐力训练质量的关键。加快的呼吸频率和加大的呼吸深度能够给机体带来更多的氧,以此来补充机体在大负荷训练中逐渐造成的氧债。为此,在训练中要关注运动员的呼吸节奏,以使他们的呼吸节奏更正确、呼吸效率更高。

四、尽量将有氧和无氧耐力训练相结合

有氧与无氧耐力两者在机体代谢的过程中是同等重要的,而且两者关系非常紧密。有氧耐力是提升无氧耐力的基础,对有氧耐力进行训练后可改善心脏功能,以此促进无氧耐力的发展。而为了发展有氧耐力,过程中安排一定的无氧耐力训练也是必要的,这可在一定程度上改善运动员的呼吸能力和循环系统功能。鉴于此,在耐力素质训练中要注意将有氧和无氧耐力训练相结合,至于两者结合的比例则应视实际情况和运动项目而定。

五、注意激发运动者的训练主动性

运动员能否在训练中获得好的效果与其是否能全情投入到训练之中有很大的关系。当运动员以全身心投入到训练中时,所有涉及的系统和组织都可以说是处在一个较好的状态下,如此为机体承受较大的运动负荷奠定了基础,在这样的状态下训练,自然可以获得尚佳的耐力水平。耐力训练本就是一项枯燥和艰难的训练内容,要想提升运动员对耐力训

的主动性,应从兴趣、目标、意志品质、思想等角度入手予以激发。这就要求在进行耐力训练时应注意采用方式多样的训练手段,这有利于培养运动员的兴趣,同时还要灌输他们对自身意志品质的培养。特别还要向他们说明这项训练与他们运动成绩之间的关系,让他们认为这的确是一项重要的训练内容。提高运动员的练习主动性还可通过建立逐级目标来达到,目标的设定要以运动员的现有能力为依据,应将目标设定在运动员的最近发展区之中,他们每达到了一个目标,要给予表扬,并鼓励他们迈向下一个目标,如此逐步搭建运动员的训练信心。

六、耐力训练要做到针对性和科学性

众多实践已经证明了不同运动负荷对身体机能发展的作用不同,其中不同强度的负荷对人体的有氧代谢及无氧代谢供能上比例也不同(表5-3、表5-4、表5-5)。例如,短跑运动员的耐力训练应是一种立足有氧代谢能力,重点发展无氧代谢能力的方法,为此训练中要以短距离大强度的高负荷为主;长跑运动员的耐力训练则几乎为有氧运动的方法,训练以强度不大的慢跑为主。

表5-3　不同距离游泳时的有氧代谢和无氧代谢

不同游泳距离(米)	时间(分钟)	有氧代谢/%	无氧代谢/%
100	1	25	75
200	2 ~ 2.5	40	60
400	4 ~ 5	50	50
500	16 ~ 18	85	15

表5-4　不同距离跑的有氧代谢和无氧代谢

不同距离跑(米)	时间	有氧代谢/%	无氧代谢/%
100		0	100
200		5 ~ 10	90 ~ 95
400	45 秒	18.50	81.50
800	2 分	33.33	66.67
1 500	3.40 分	52.50	47.50
10 000	29 分	0	10
马拉松	2.15 小时	97.50	2.50

表 5-5　不同距离速度滑冰的有氧代谢和无氧代谢

不同距离速度滑冰（米）	时间	有氧代谢 /%	无氧代谢 /%
200	20 秒	15	85
500	40 秒	30	70
1 000	1.30 分	40	60
1 500	2.05 分	50	50
3 000	4.5 分	70	30
10 000	16 分	90	10

七、注重将耐力训练与专项运动特点结合

不同运动项目对运动员的耐力素质的要求不同（表 5-6）。因此，在耐力训练中就要关注到这些不同点，以此根据运动专项的需要和特点来匹配适当的训练方式，这是获得预期训练效果的保障。即便对于同一个运动项目来说，在不同的训练周期中也应注意到训练方式的改变，通常情况多以一般耐力阶段、专项耐力基础阶段和专项耐力阶段的划分方式开展训练活动。

表 5-6　不同训练方法对增进各种能量系统的作用

训练方法	ATP-CP 系统和乳酸能系统	乳酸能系统和有氧系统	有氧氧化系统
加速疾跑	92	5	5
持续快跑	2	8	90
持续慢跑	2	5	93
间歇疾跑	20	10	70
间歇训练	0 ~ 80	0 ~ 8	0 ~ 80
慢跑	\	\	100
重复跑	10	50	40
速度游戏	20	40	40
疾跑训练	90	6	4

八、做好耐力训练中的医务监督工作

耐力素质训练对运动员的体能消耗是较大的，现实中也是运动员普遍感到"闻风丧胆"的训练。正是由于耐力训练对体能消耗较大的特点，

使得身体各系统功能的运转都可能受到影响,如果运动员的健康水平或心理层面出现问题,训练时不在正常状态下,在参加负荷较大的耐力训练时运动性伤病出现的概率就会大大增加。为此,在进行耐力素质训练的同时,做好相关的医务监督工作就是非常必要的事情。

耐力训练中的医务监督的内容主要包括训练前的机能评定和训练中运动员对负荷承受能力的评定。其中,训练前的机能评定有测量运动员的血压、心率以及询问他们的主观感受等,而训练中运动员对负荷承受情况的评定则是通过观察运动员在做重复动作练习时动作的变异程度以及观察他们的面部表情等。若测量出运动员的血压、心率等有异常,或是观察到他们在练习过程中出现明显的表情"狰狞"等情况,应及时建议教练员减量或中止训练,在与运动员进行充分沟通确认无误后再行训练,如此基本可对训练中的绝大多数事故予以避免。

第六章　青少年运动员柔韧素质训练方略

柔韧素质是身体素质的一个重要方面,也是体能的重要组成部分之一,其能在一定程度上反映出体能水平的高低。对于青少年运动员来说,他们在柔韧素质方面有着先天的优势,因此,通过进一步的科学、系统训练,能取得事半功倍的提升柔韧素质的效果。本章主要对柔韧素质训练的相关理论、青少年运动员柔韧素质训练方法与注意事项几个方面的内容进行分析和阐述,由此,能从理论和实践两个方面对青少年柔韧素质训练与发展有全面且实用的了解与认识,并掌握相关技能,对于青少年运动员整体体能水平的提升是有裨益的。

第一节　柔韧素质训练理论

一、柔韧素质的概念与作用

（一）柔韧素质的概念

柔韧素质,是运动员身体训练的重要组成部分,柔韧素质的好坏通常是通过关节运动幅度的大小来表示的。所谓的柔韧素质,是指人体各个关节活动范围及肌肉、韧带的伸展能力,可以将其理解为一个或多个关节的活动范围。

通过进一步分析,可以从两个方面来更加深入地了解和认识柔韧素质:即关节活动幅度的大小和跨过关节的肌肉、肌腱、韧带等软组织的伸展性。其中,关节本身的装置结构在很大程度上决定着关节的活动幅度。

（二）柔韧素质的作用

柔韧素质的作用也是非常重要的,在很多方面都有所体现,对青少年运动员体能水平的提升也有帮助(图6-1)。

运动性牵拉作用

运动时关节的活动幅度

运动的准确性、经济性

降低运动损伤

保持肌肉的良好功能（弹性、爆发力等）

预防肌肉僵硬及肌肉劳损

图 6-1

（1）良好的柔韧素质，能够使运动时关节的活动幅度有所增加。

（2）良好的柔韧素质，能够使完成动作时的精确性和稳定性有所提升。

（3）良好的柔韧素质，对于运动效率的提升是有帮助的。

（4）良好的柔韧素质，对于运动损伤，特别是肌肉拉伤的发生概率的降低是有帮助的。

（5）良好的柔韧素质，对于肌肉质量以及肌肉良好功能（弹性、爆发力等）的提升是有帮助的，除此之外，还能有效预防肌肉僵硬即肌肉损伤。

二、柔韧素质的表现形式

（一）一般柔韧素质与专门柔韧素质

这两种柔韧素质的表现形式是因为柔韧素质与专项关系的不同而划分的。

1. 一般柔韧素质

一般柔韧素质，所指的是对于普通的训练都适应的柔韧素质。一般柔韧素质是专门柔韧素质的基础，不管是什么样的运动项目，其所涉及的动作对身体各关节部位活动范围的要求都能从一般柔韧素质中得到相关的满足。

2. 专门柔韧素质

专门柔韧素质，所指的是专项运动项目所需要的特殊柔韧素质，其是具有独特的项目特点的针对性、专门性的柔韧素质，其只适用于某一特定的项目对柔韧素质的针对性需求。

（二）主动柔韧素质与被动柔韧素质

柔韧素质训练时的动作方式不同，以此为依据，可以将柔韧素质分为以下两种。

1. 主动柔韧素质

主动柔韧素质，是指运动员关节周围肌肉群积极主动地工作所形成的能力。力量素质的发展状况与主动柔韧性之间的关系非常密切，两者相互影响。

2. 被动柔韧素质

被动柔韧素质，是指受外界力量的影响所被动促使产生的能力。被动柔韧素质是主动柔韧素质发展的重要基础，能为主动柔韧素质的发展提供必要的潜在支持。

（三）动力性柔韧素质与静力性柔韧素质

根据柔韧素质的表现和身体状况的不同进行分类，柔韧素质可分为动力性柔韧素质和静力性柔韧素质。

1. 动力性柔韧素质

动力性柔韧素质，是指以动力性技术动作的需要满足为目的，运动员身体软组织拉伸至最大限度，以及为了完成技术动作所运用的弹性回缩力的一种能力，具有动力性特征。

2. 静力性柔韧素质

静力性柔韧素质，是指以静力性技术动作的需要满足为目的，运动员身体软组织拉伸至动作所需的位置角度，并能够控制其停留一定时间所表现出来的一种能力。需要注意的是，动力性柔韧素质的发展是在静力性柔韧素质发展的基础上实现的。

三、柔韧素质训练中的拉伸

青少年运动员要想发展柔韧素质，就需要经过各种拉伸训练才能实现。下面就对拉伸进行分析和阐述。

（一）拉伸概述

1. 拉伸的概念

拉伸，是一种有目的性和针对性地选择影响的技术和姿势进行牵拉，从而保证科学训练的实现。拉伸与运动解剖学和生物力学有着非常密切的关系。

2. 拉伸的特点

（1）要以不同运动项目的特定需求为依据，通过增加骨骼肌起止点或不同骨骼间的距离，使骨骼关节肌肉运动链功能得到有效提升，从而为高强度的训练比赛做好准备和加快机体的恢复速度。

（2）不同的拉伸，在增加关节活动度、增加肌肉弹性和爆发力等方面所产生的具体作用是不同的，与此同时，不同的青少年运动员的柔韧素质水平和训练目标，甚至伤病情况之间都具有一定的差异性，因此，为了取得理想的拉伸效果，更有效地发展柔韧素质，就要求必须根据不同的拉伸目的来选择相应的拉伸技术和姿势。

3. 拉伸的作用

（1）通过拉伸训练，能够使肌肉、肌腱、韧带和神经的协同工作能力得到有效提升。

（2）通过拉伸训练，使青少年运动员的肌肉力量得到快速增长。

4. 功能性拉伸训练的安全细则

为了保证拉伸训练的安全性，需要对以下几个方面加以注意。

（1）要进行充分的热身后再进行拉伸训练。

（2）拉伸时，要保证用力均匀，切忌忽大忽小。

（3）拉伸时，要把握好度，不用必须达到有刺痛的感觉。

（4）拉伸的强度要适宜，如果有肌肉紧张的感觉，即可停止拉伸，拉伸强度的增加要遵循循序渐进原则。

（5）拉伸时，一定要配合正确的呼吸动作，不要憋气。

（6）拉伸的体位要保持正常姿态，从而保证目标肌肉得到充分拉伸。

（7）静力性拉伸之后，切忌爆发力训练。

（8）在瑜伽垫等柔韧固定的表面上进行拉伸训练。

（9）拉伸的姿势主要为坐姿、俯卧和仰卧。

（10）要保证拉伸动作的正确性。

（二）拉伸训练的内容与形式

拉伸训练包含的内容是非常丰富的,身体不同部位的不同形式的拉伸都属于这一范畴。通常,拉伸的部位主要是大关节周围的大肌肉群,拉伸的形式有很多种,比如,静态拉伸、动态拉伸、弹性拉伸和 PNF 拉伸等。另外,根据是否有人协助的标准,也可以将拉伸训练方法分为主动性拉伸和被动性拉伸(图 6-2)。

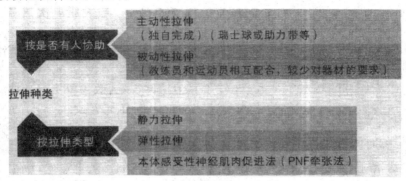

图 6-2

1. 静力拉伸

静力拉伸是指一种缓慢的、稳定的、在拉伸的止点停留一定时间的拉伸方法,也可以将其理解为,是在一定时间内,固定在一定范围内的伸展运动。

静力拉伸的主要特点为:动作缓慢;会有不适感产生;没有疼痛感;肢体运动的幅度比较小。

在进行静力拉伸的训练时,要对准备活动中静力拉伸和动态拉伸的比例和前后顺序加以掌握。

2. 动态拉伸

动力性拉伸是一种通过运用与运动项目相似的动作,帮助身体适应接下来的运动训练或者比赛的功能性的拉伸技术。具体来说,所谓的动态拉伸,是指采用与专项运动类似的动作,通过肢体快速或者慢速运动的形式,使关键活动度有所增加。其与弹性拉伸的不同之处在于,动态拉伸不是单纯的重复刺激。

动态拉伸的特点为:不会引起牵张反射,并且能够使运动链的功能性得到有效提升。

动态拉伸属于非常重要的准备活动的组成部分。

3. 弹性拉伸

所谓的弹性拉伸,是指在关键幅度末端,无间歇地反复弹性牵拉活动,使关节活动力度增加。

弹性拉伸的特点主要为:会引起肌肉酸痛、疼痛,甚至肌肉损伤;也可能是弹性牵拉激活牵张反射。

需要强调的是,弹性拉伸属于不提倡的拉伸技术。

4. PNF 拉伸

PNF 拉伸又称为本体感觉神经肌肉促进法。具体是指由主动肌和拮抗肌本身收缩和放松组成的伸展。

PNF 拉伸的特点主要为:相较于其他拉伸技术,效果要更好一些;能够在改善肌肉伸展能力的同时,也使肌肉的力量有所增加。

在进行 PNF 拉伸时,要注意在热身之后再进行拉伸,这样效果更好;拉伸的幅度不要太大,要逐渐缓慢地增加,避免不必要拉伤的发生;条件允许的情况下,尽量有同伴协助训练,以保证训练的安全性。

PNF 拉伸的技术主要控制放松技术、收缩放松技术和控制放松同时对侧肌肉收缩技术这三种类型。通常情况下,可以将 PNF 拉伸分为三个阶段,其中,第一阶段是相同的,都是进行 10 秒钟的被动拉伸。之后,不同的拉伸方法的具体技术各不相同,具体如下。

（1）控制放松技术:要求青少年运动员与训练师的对抗发生在最大关节活动范围处,以此来使肌肉产生等长收缩,对抗 6 秒钟即可。之后青少年运动员要放松,训练师则要做被动拉伸 30 秒钟。

（2）收缩放松技术:要求青少年运动员与训练师的对抗发生在 10 秒钟的被动拉伸结束后,由此能使被拉伸的肌肉产生向心收缩,如果对抗发生在整个关节活动范围内,那么就能使关节得到缓慢伸展。之后进行 30 秒钟的被动拉伸。

（3）控制放松同时对侧肌肉收缩技术:这一技术的前两部分与控制放松技术是基本相同的。不同之处在于之后被动性拉伸与对侧肌肉主动收缩两者是同时进行的。

第二节　青少年运动员柔韧素质训练方法

一、腰腹区域拉伸

（一）腰腹区域主要肌肉运动

腰腹区的肌肉运动主要为躯干的屈伸和侧屈（图6-3）。

伸

腹外斜肌

腹直肌

屈

腹外斜肌

侧屈

图6-3

（二）腰腹区域拉伸训练方法

1. 坐姿（盘腿）体前屈

盘腿坐在垫子上，身体前倾，躯干缓慢前屈伸展，使头和腹部尽可能低于髋和大腿的水平面。

2. 仰卧屈膝转髋

仰卧，右腿屈膝在左腿上方交叉，两臂自然伸直，右肩着地，躯干和右腿反方向旋转。当采用被动拉伸时，同伴跪姿一手按住运动员的右肩部于地面，另一手缓慢前推髋部。

3. 侧卧球体顶髋

侧卧于瑞士球上,双脚固定撑地,双手抱头,身体侧弯。

二、髋关节、大腿区域拉伸

（一）髋、大腿区域主要肌肉运动

髋部和大腿的肌肉运动主要为屈伸、内收、外展、内旋和外旋(图6-4)。

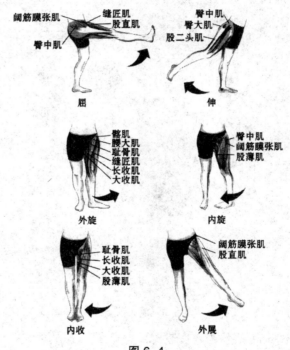

图 6-4

（二）髋、大腿区域拉伸训练方法

1. 大腿前侧拉伸

单膝弓步跪地,骨盆与髋保持平直,前腿膝关节保持90°。抬腿并置于身体前方。下压身体以达到拉伸的效果,前膝弯曲成90°。髋关节异侧的腿有拉伸感。背部保持平直(图6-5)。拉伸时间为60秒,换腿重复进行3次练习。

图 6-5

2. 大腿侧面拉伸

在地面上采用仰卧姿势,将一个枕头放在头下。臀部和盆骨贴住地面,两腿分开,与肩同宽。抬一条腿的膝盖伸向腹部。把抬起的脚放在另一条腿的膝盖上方。把抬起的腿移动到与身体 90° 的位置,保持臀部与骨盆着地。用拉伸腿异侧的手轻轻地拉伸膝盖(图 6-6)。

图 6-6

3. 大腿中部拉伸

背靠墙坐在地上,双脚底并拢。保持背部挺直。不要强迫膝盖下压。体会腹股沟部位拉伸感觉(图 6-7)。拉伸持续 60 秒,然后放松 60 秒。重复 3 次。

4. 跪姿盘腿体前屈

跪姿,右膝屈曲盘放在瑞士球上,躯干尽可能向前屈。

5. 侧卧下侧腿内收拉伸

右侧卧,左腿屈膝,左脚置于右膝前,右腿伸直,右小腿放在泡沫圆筒之上,躯干向左侧侧屈。训练过程中要注意,升高泡沫圆筒高度增加牵拉强度。

图 6-7

6. 大腿后侧拉伸

躺在地板上,面向门,头下放一个枕头。臀部和骨盆均匀着地。把腿踏在墙上进行拉伸。不要强迫膝盖伸直,这样可能会引起膝关节后侧疼痛。另一条腿向门上伸直,如果腿前侧感到不适,就在膝下垫一枕头。拉伸持续 60 秒,再换另一条腿做(图 6-8)。每条腿重复 3 次。

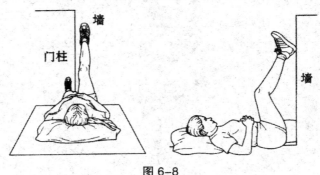

图 6-8

7. 坐姿横叉

坐姿,双手撑在体前,躯干稍前屈,双膝伸直,双踝内侧缘着地。训练过程中要注意,垫高踝关节增加牵拉强度。

8. 臀部拉伸

仰卧在地板上,面向墙,头下放一个枕头。一条腿踏在墙上并且膝盖弯曲成90° 。骨盆和髋部着地。两腿分开,与肩同宽。把一条腿放另一条腿上,上面腿、踝关节刚超过踏在墙上的另一条腿膝盖。上面腿同侧的臀部有拉伸感觉。拉伸持续 60 秒,交换另一条腿重复(图 6-9)。每条腿重复 3 次。

图 6-9

三、肩胸背区域拉伸

（一）肩胸背区域主要肌肉运动

肩胸背部是人体参与活动最多，也是动作相对更为复杂的部分，在练习之前有必要对其解剖结构加以了解（图 6-10）。

（二）肩胸背区域拉伸训练方法

1. 胸和肩前侧拉伸

身体直立，右侧面向门框，双脚分开，与肩同宽。右臂伸直，手大约与腰或肋部同高。转动右前臂，手指抓住门框边缘。上体向左转（图 6-11）。拉伸时间为 60 秒，然后放松。换手臂反复练习 3 次。

2. 坐姿屈肘背后侧拉

在地垫上采用坐姿，左臂屈肘 90°放在背后，右手握住左肘，向右向上牵拉。右同。

3. 直臂水平侧拉

右臂伸直，水平内收，躯干向右侧旋转。

4. 上背部拉伸

在椅子上采用坐姿，双肩放松并保持平直。缓慢把一只胳膊横放在身体前面，用另一只手提拉其肘部。背部要始终保持挺直。两脚起支撑稳固的作用（图 6-12）。拉伸时间为 60 秒，换腿反复练习 3 次。

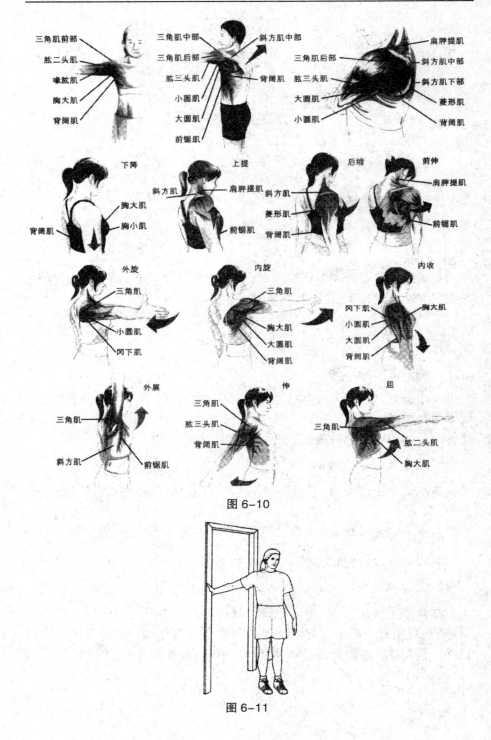

三角肌前部
肱二头肌
喙肱肌
胸大肌
背阔肌

三角肌中部
三角肌后部
肱三头肌
小圆肌
大圆肌
前锯肌

斜方肌中部
背阔肌

肩胛提肌
斜方肌中部
斜方肌下部
菱形肌
背阔肌

三角肌后部
肱三头肌
大圆肌
小圆肌

下降
胸大肌
胸小肌
背阔肌

上提
肩胛提肌
斜方肌
前锯肌

后缩
斜方肌
菱形肌
背阔肌

前伸
肩胛提肌
前锯肌

外旋
三角肌
小圆肌
冈下肌

内旋
三角肌
胸大肌
大圆肌
背阔肌

内收
冈下肌
小圆肌
大圆肌
背阔肌
胸大肌

外展
三角肌
斜方肌
前锯肌

伸
三角肌
肱三头肌
背阔肌

屈
三角肌
肱二头肌
胸大肌

图 6-10

图 6-11

图 6—12

5. 下背部拉伸

在地面或地垫上采用仰卧位,将一个枕头放在头下。双膝向胸部上抬,以弯曲90°为宜,在双膝移动至胸部某一侧时,保持双肩固定于地面。两膝弯曲度要保持在90°。在双腿伸直前,保持拉伸时间为60秒,然后换腿反复练习3次(图6—13)。

图 6—13

6. 后背中部拉伸

坐于地面或者地垫上,上体与地面呈大致垂直的状态,一条腿弯曲并置于伸直腿外侧。弯曲腿异侧的肘放在弯曲腿的膝盖外缘上,另一只手放在地板上起到支撑的作用。把放在膝盖上的臂推向弯曲的腿,从而上肢远离弯曲腿,形成扭转。把头转向与弯曲腿相反的一侧(图6—14)。拉伸时间为60秒,换腿反复做3次。

图 6-14

四、臂肘腕区域拉伸

（一）臂肘腕区域主要肌肉运动

臂肘腕区的肌肉运动,在肘关节主要为屈和伸,在前臂主要为内旋和外旋,在腕关节主要为屈伸、收展和绕环(图 6-15)。

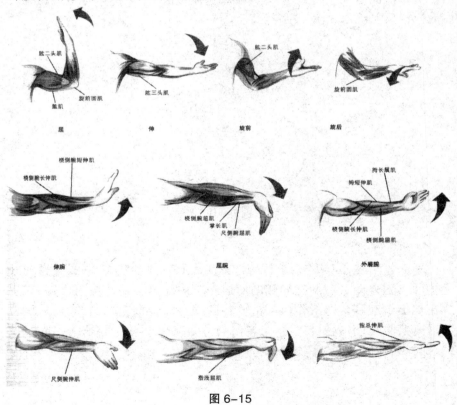

图 6-15

（二）臂肘腕区域拉伸训练方法

1. 跪姿屈肘压肩

面对瑞士球跪立，上臂外展180°，右臂屈肘，左手抓住右手腕，将右肘放在瑞士球上，躯干向下压肩。训练过程中要注意，臀部坐于脚上，躯干尽可能向下压肩。

2. 跪姿牵拉前臂肌群

跪在柔软的垫子上，肘关节伸直，随着手指指向前后侧以及手腕背伸或背屈，可以有6种牵拉姿势。训练过程中要注意，根据不同姿势躯干向反前向牵拉可以增加牵拉强度。

五、小腿踝区拉伸

（一）站立牵拉（前后位、台阶、斜坡）

双足站立于台阶或斜坡，足跟悬空，用一手扶住固定位，身体保持平衡。训练过程中要注意，双膝微屈能够使股后肌群的牵拉感有所降低，对胫骨后肌和腓骨短肌的牵拉感则会有所增强。

（二）站姿跖屈踝

一手扶瑞士球保持平衡，跖屈右踝关节，足背着地。逐渐将重心移至右侧，增加牵拉强度。训练过程中要注意，踝关节内外翻可以针对小腿内外侧肌肉增加牵拉强度。

（三）小腿后侧拉伸

训练方法一：在椅子上采用坐姿，地上放置一本7~12厘米厚的书。一条腿的脚掌放在书上，脚后跟着地。轻微拉伸小腿（图6-16）。持续60秒，然后换腿反复练习3次。

训练方法二：青少年运动员面对墙站立，两脚离墙面30~45厘米，两手放在墙上支撑。骨盆保持平直，两脚分开，与肩同宽。前腿膝盖向墙轻微弯曲，后腿膝盖也轻微弯曲，两脚后跟向下（图6-17）。轻微拉伸的时间为60秒，然后换腿反复练习3次。

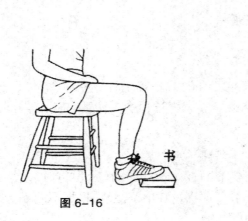

图 6-16   图 6-17

（四）小腿前侧拉伸

训练方法一：借助椅子，采用坐姿，一条腿放在另一条腿上。手抓住上面的腿的脚尖外侧。把脚拉向身体一侧拉伸 60 秒，再换腿练习（图 6-18）。每条腿可以进行 3 次练习。

图 6-18

训练方法二：采用小腿前侧和脚面触地的跪姿，整个身体重心放在小腿上。两腿分开，与肩同宽（图 6-19）。拉伸的时间为 60 秒，重复拉伸 3 次，间歇时间为 60 秒。

六、颈区域拉伸

（一）头后伸

采用坐姿，头后仰，使鼻尖指向天花板。训练过程中要注意，不要耸肩。

图 6-19

（二）双手抱头头前屈

采用站姿或坐姿，双手交叉抱头，将头轻微向前牵拉，使下巴尽可能去接近胸。

（三）单手抱头头侧屈和旋转

青少年运动员坐在椅子上，使肩和骨盆保持平直。胳膊抓住椅子边缘。使后脑勺、耳和肩保持在同一直线上。轻轻地让颈部倾斜并且远离握椅子一侧。轻微地让颈部转动并且远离抓椅子手的一侧，头低向胸部（图 6-20）。一侧持续拉伸 60 秒钟，每只胳膊重复 3 次，然后换另一只胳膊做。

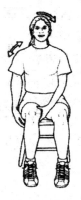

图 6-20

第三节　青少年运动员柔韧素质训练注意事项

一、准备活动充分，避免伤害事故发生

青少年运动员在柔韧素质训练之前，一定要做好充分的准备活动，这样能使身体肌肉的温度提高，肌肉内部的黏滞性降低。

在进行准备活动时，青少年运动员一定要在体温逐渐升高之后，再进行柔韧素质训练，从而使肌肉拉伤等伤害事故得到有效避免。除此之外，青少年运动员训练时动作的速度、力量和幅度的增加要逐渐进行，且不可用力过猛。

青少年运动员在进行柔韧素质训练时，训练方法的科学性也是需要关注的重点。教练员或训练师在对青少年运动员进行外力的施压方面，也不能一蹴而就，应该逐渐增加，同时，要对青少年运动员柔韧素质的发展水平加以分析和了解，并时刻关注他们在训练过程中和训练结束之后的反映，按照得出的结论来决定如何科学地加力或者减力，最终达到保证训练效果的目的。

二、要针对项目和参与者进行训练

柔韧素质训练的安排必须以专项特点和青少年运动员的具体情况为依据来加以安排。在全面发展身体各部位柔韧性的基础上，要重点练习本专项所需要的几个部位的柔韧性。

另外，青少年运动员的具体情况存在着个体差异性，就要求在进行柔韧素质训练过程中必须区别对待，因材施教，突出针对性，这样才能使青少年运动员积极参与到柔韧素质训练中来，对于较好的训练效果的实现是有帮助的。

三、训练要遵循循序渐进和持久性原则

柔韧素质的训练与发展不是一朝一夕就能看到结果的，需要在意志力的支撑下长期坚持训练才可以。如果在经过一段时间的训练后就停止，那么，训练的效果就会呈现出逐渐减弱的趋势。这就要求青少年运动员柔韧素质训练不能一成不变，要逐渐增加训练的强度和时间，从而保证训

练的效果是持续良好的。肌肉拉伸训练也至关重要,但是在训练过程中,通常会伴有疼痛发生,这就要求运动员更加谨慎地进行被动拉伸,教练员或同伴的帮助和保护工作也要做好,不要着急,从而使肌肉、韧带等软组织的拉伤得到有效避免。

四、要与其他素质结合起来共同发展

体能的整体发展情况,与其各个组成素质之间都有着直接的联系。换言之,每一种身体素质的发展都会影响到体能的整体水平,而各个身体素质之间也有着密切的联系,要想获得理想的柔韧素质训练效果,与其他素质结合起来,是非常重要且必要的。

五、要对训练时间有适度把控

柔韧素质的训练在任何时候都可以进行,只是在效果上会有一定的差异性。通常来说,早晨进行柔韧素质训练的效果会有明显降低,所以早晨可做一些强度不大的"拉韧带"的练习。一日之中在 10 ~ 18 时人体能表现出的柔韧素质比较好,此时可进行一些强度较大的柔韧性练习。另外还要强调的一点是,每天的训练时间要控制好,不可过长。

六、训练结束后要做好整理放松活动

训练结束之后的整理放松活动,与训练开始之前的准备活动一样,都是非常重要且必要的,都能够有效避免运动伤害的产生,除此之外,做好放松活动,还会对身体疲劳的消除和体能的恢复有积极影响。

需要强调的是,在每个伸展练习后,做好与动作呈相反方向的放松练习是至关重要的,这样能够有效加强供血供能机能,帮助伸展肌群得到有效的放松和恢复。

第七章　青少年运动员灵敏素质训练方略

灵敏素质也是一项非常重要的体能素质,在一些运动项目中,运动员需要具备出色的灵敏素质才能顺利完成比赛,如体操、花样游泳等项目就要求运动员具备出色的灵敏素质。灵敏素质可以说是人体协调、准确、快速地做出各种动作的表现形式,青少年运动员在平时的体能训练中也要将灵敏素质训练作为一项重要的训练内容。

第一节　灵敏素质训练理论

一、灵敏素质的概念

灵敏素质,主要指的是人体所表现出的协调、快速、准确等方面的能力,这些能力在专业运动员身上都能得到深刻而具体的体现。

灵敏素质是人体体能素质的重要组成部分,它是在力量、速度、柔韧、耐力、节奏感、协调性等多种素质和技能的基础上建立和发展起来的。

依据灵敏素质与专项运动的关系进行划分,可将灵敏素质划分为一般灵敏素质与专项灵敏素质两种类型。

一般而言,灵敏素质发展水平的高低可以通过多种形式来进行表示,比如常见的有:是否能通过熟练的动作来将力量、速度、柔韧、耐力、协调性、节奏感等方面充分表现出来;是否具备快速动作、维持平衡以及随机应变能力;能否在完成动作的过程中也能做到自如地操纵自己的身体,动作完成的准确度与熟练程度都不会受到外界条件的影响这三个标准来加以衡量。

影响人体灵敏素质发展的因素非常多,其中,性别、体型;疲劳程度;感觉器官;智力发展水平和敏捷的思维能力;运动经验以及其他运动素质发展水平等都会对人体灵敏素质的发展产生至关重要的影响。

二、影响灵敏素质训练的因素

（一）智力发展水平和敏捷的思维能力

灵敏素质是人体体能素质的重要内容,因此青少年运动员一定要在平时的运动训练中注意提升自身的灵敏素质。要想做到这一点,运动员要具有良好的智力水平和敏捷的思维能力,这是灵敏素质发展和提高的重要保障。

青少年运动员能否提高运动技术水平,能否熟练地运用技战术,能否制定科学的训练计划等,这些都在一定程度上取决于运动员的智力发展水平和敏捷的思维判断能力。作为一名优秀的运动员只具备出色的技术能力还是不够的,还需要具备各方面的体能素质与智力水平。总之,运动员的智力水平在一定程度上影响人体灵敏素质的发展,青少年运动员在训练时要高度重视。

（二）运动综合素质发展水平

灵敏素质可以说是运动员的一种综合能力,是运动员力量素质、耐力素质、速度素质、柔韧素质等方面能力的具体体现。以上几种体能素质与灵敏素质之间都有极为密切的关系,它们相互影响、相互促进、共同发展,其中任何一种能力的发展和变化都会对灵敏素质的发展产生一定的影响。因此在平时的训练中一定要将各种体能素质训练充分结合起来。

（三）运动实践经验的丰富度

大量的研究与实践表明,运动员在具备出色的技术能力前提下,学习能力也会增强,从而形成一种良性循环,而学习能力强的运动员往往具有很强的创造能力,同时表现出较高的灵敏素质。通过长期的运动训练,青少年运动员自身技术能力不断提高,同时也拥有了丰富的实践经验,这会对其各项身体素质产生重要的影响,会影响到灵敏素质的发展和提高。

（四）年龄、性别因素

青少年运动员正处于身体快速增长或身体发育的后期,在这一时期,他们的灵敏素质会有所下降,但也比较稳定,在这一时期加强灵敏素质的训练是尤为重要的,这将对运动员运动能力的提高产生重要的影响。

大量的实践表明,灵敏素质还与人的性别有着一定的关系。青春期以前,女性的灵敏素质要高于男性,而在青春期之后,男子的灵敏素质逐渐优于女子,这是灵敏素质发展的一个特点和规律。因此青少年灵敏素质的训练要充分把握性别这一特点及规律,有针对性地进行训练。

（五）运动疲劳程度

青少年运动员长期参加运动训练,难免会出现一定的运动疲劳现象,如果疲劳程度过高就会导致人体中枢神经系统或机体活动能力的降低。在这样的情况下,运动员就会表现出反应迟钝、速度下降,动作不协调等现象,灵敏素质也呈现明显降低的趋势。由此可见,运动疲劳也严重影响到运动员的灵敏素质发展。在运动训练中及时消除疲劳是保证灵敏素质发展和提高的重要手段。

（六）情绪变化

相关研究表明,人的情绪也会在一定程度上影响灵敏素质的发展和提高。具体表现为,情绪高涨时人的灵敏性会有所提高,而在情绪低落时,灵敏性则会随之降低。基于这一情况,青少年运动员一定要保持良好的心态和情绪参加体能训练。在良好的情绪和精神状态下参加运动训练,青少年运动员的头脑非常清楚,身体充满了力量,因此做出的动作也轻快灵活,身体各部位都呈现出较高的灵敏性。由此可见,情绪对青少年运动员的体能训练也会产生重要的影响,因此运动员在参加灵敏素质训练时一定要保持良好的情绪。

（七）气温降低

青少年运动员在潮湿低温的环境下参加灵敏素质训练,也会在一定程度上降低关节的灵活度与肌肉韧带的伸展性,从而导致灵敏素质下降。因此,青少年运动员要尽量避免在气温过低的条件下参加灵敏素质的训练。

三、灵敏素质训练的意义

在一些特殊项目上,灵敏素质扮演着十分重要的角色,如果运动员缺乏必要的灵敏素质是难以顺利完成比赛的,更不要谈取得理想的比赛成绩了。对于这部分运动项目来说,灵敏素质是协调运动员身体各项素质,提升运动水平的关键要素。因此在平时的训练中,青少年运动员一定要引起重视。

具体而言,青少年运动员进行灵敏素质训练的意义主要有以下几点。

(1)具备良好的灵敏素质,有利于青少年运动员在较短的时间内准确、熟练地完成各种具有难度的技术动作,提高运动水平。

(2)具备良好的灵敏素质,青少年运动员可以在比赛中及时灵活地处理各种问题,从而为取得比赛胜利奠定良好的基础。

(3)具备良好的灵敏素质,青少年运动员可以在比赛中展示优美的动作,给人以美的享受,能极大地陶冶人的情操。

第二节　青少年运动员灵敏素质训练方法

一、灵敏素质常用训练手段

(一)徒手训练

徒手训练,就是不借助外在的器械和工具,主要通过身体各部位的相互配合运动来发展灵敏素质的训练方法。

一般来说,徒手训练主要包括通常单人训练和双人训练两种形式。单人训练是指运动员通过运用协调自身的各部位来增强灵敏性;双人训练是指通过两个人之间的配合运动来进行灵敏性训练。

1. 单人训练

徒手训练中的单人训练主要有以下几种手段。

(1)快速移动跑

运动员以准备姿势站立,注意观察指挥手势或听判断信号。当练习者得到消息,需要按照要求前、后、左、右快速变换跑动。一般的,发出指令的间隔时间不会太长,会被控制在 2 秒以内。因此,练习者必须具有非常高的素质和能力,比如,反应迅速、判断准确,有着非常快的变换起跑速度;练习强度:每组的时间控制在 15 秒,总共 3 组。

(2)越障碍跑

运动员面对跑道站立。准备好后,听到"开始"信号,按照事先说明的要求,通过跑、跳、绕等动作来迅速敏捷地穿过障碍物,全程要一气呵成,中间不要停顿,可以通过计时的方式进行练习,练习强度以 2 ~ 3 组为宜。

（3）原地团身跳

运动员保持站立姿势,听"开始"信号后在原地做双脚向上跳起的动作,腾空后两腿迅速团身收紧,然后才能做下落还原的动作,由此,一组动作即完成。团身跳的练习要有一定的连续性。训练的形式计时或者记数均可。不管采用的形式如何,都要保证跳跃的连贯性。

2.双人训练

（1）过人

画一个直径为3米的圆圈,圈内安排两名运动员,分别站在半圈内。训练开始后,双人要注意发出的信号,如果是"开始"的信号,那么就需要两人按照自己的分工进行训练,其中,一人作为防守方,对另一人千方百计地进入对方的防区进行积极有效的防守。一组训练结束后,两人交换继续加以练习。训练过程中要严谨拉人、撞人的情况发生;练习强度:持续练习20秒/组,总共4～6组为宜。

（2）障碍追逐

甲乙两名运动员,训练开始后,乙方作为被追赶的对象在前面跑,甲方则在后面对其进行追捕。"开始"信号发出后,甲乙双方就按照自己身份的要求借助于事先准备好的障碍物一对一追逐,如果,甲方追上对方并且用手触到对方身体的任何部位,那么,这一组的练习就结束了,在上组动作完成的瞬间,下一组练习开始,只是双方角色互换了,甲方为被追赶方,而乙方则成为主动的追赶方。训练强度:持续练习20秒/组,间歇时间为20秒,总共5～6组。

（二）器械训练

器械训练,就是通过运用运动器械来训练和提升灵敏性素质的方法。常见的器械训练手段主要有单人训练、双人训练、组合训练和游戏训练等几种。

1.单人训练

单人练习的具体方法有很多,比如,较为简单的传球、顶球、追球、颠球、接球练习,以及较为复杂的多球练习、悬垂摆动、翻越肋木、钻山羊、钻栏架,除此之外,还有各种专项球类练习和技巧练习、体操练习等一些技巧类和专项类的练习方法。

2. 双人训练

（1）扑球

运动员两人为一组,面对面站立。一人拿球并将其抛向另一人的体侧部位,接球方则通过侧垫步、交叉垫步或交叉步等起跳扑向球,并用手接住。两人按照上述方法交替练习。随着练习次数的不断增加,抛球速度也要不断增加,并且做到判断准确、主动接球。

（2）通过障碍

在障碍物的面前保持站立姿势。通过5米的距离进行助跑跳过山羊,然后再钻过山羊,绕过双杠间,最终返回到起点。在规定的时间内进行上述练习,并且要求跑动迅速,变换敏捷;通常以重复练习3~5次为好。

（3）跳起踢球

运动员两人双方间隔15米,面对面站立。甲方抛球至乙方体前或体侧方,乙方则应快速跳起用脚踢球,踢球要准确。然后甲乙双方交换位置继续练习。训练强度:持续练习15次/组,训练次数为2~3组。

（4）接球滚翻

运动员两人为一组,接球的人坐在垫子上,传球的人站立在其对面。接球人坐在垫子上接不同方向、速度的来球。并且按照要求的动作来接球,比如,当接到左、右两侧的球后做接球侧滚动;接到正面的球做后滚翻。按照上述方法在双方互换身份后继续进行多次练习。训练强度:持续练习30秒/组,总共2~3组。

3. 组合训练

组合训练,就是将各种类型的训练手段结合起来运用的方法,可以是两个,也可以是三个或者多个。在具体的训练中,依据动作数量的不同,训练方法也存在一定的差别。

两个动作组合训练方法:交叉步接后退步,立卧撑接原地高频跑,前踢腿跑接后撩腿跑,侧手翻接前滚翻等。

三个动作组合训练方法:交叉步→侧跨步→滑步,立卧撑→原地高频跑→跑圆圈,腾空飞脚→侧手翻→前滚翻等。

多个动作组合训练方法:跨栏架→钻栏架→跳栏架→滚翻,后滚翻转体180°→前滚翻→头手倒立前滚翻→挺身跳等。

4. 游戏训练

游戏训练法,就是通过游戏的形式来发展和提升灵敏素质水平,常见的有各种应答性游戏、集体游戏、追逐性游戏等,有着非常强的趣味性,能有效地提高训练效果。

二、提高灵敏素质的训练方法

（一）双腿侧向单足跳（图 7-1）

1. 目的

主要用于发展和提高青少年运动员的爆发力和侧向变向的能力。

2. 练习方法

在1码宽的标志区内,青少年运动员做以下训练：

（1）运动员站在标志区左侧做好准备,等待教练员的开始口令。

（2）双腿蹬伸跳向标志区的另一侧,要确保跳过标志区。

（3）着地后快速跳回原来位置。

（4）连续快速练习 5 ~ 10 次。

3. 提高性练习

青少年运动员选择在 10 码长、1 码宽的标志区内练习。

（1）从一侧开始,以之字形（对角）单足跳过标志区的长度,两边交替进行。

（2）仅用单腿做单足跳的练习,反复多次练习。

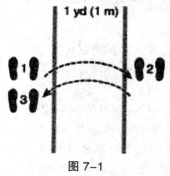

图 7-1

（二）六边（图 7-2）

1. 目的

发展和提高青少年运动员的灵敏素质,促进身体协调性的提高。

2. 练习方法

（1）在场地内标出六边形,边长可以根据实际合理地确定。

（2）运动员站在六边形的中心,面对指定方向。

（3）面对指定方向时,双脚跳出六边形的每边。先后进行顺时针和逆时针跳跃,教练员在一旁做好计时工作。

3. 提高性练习

（1）提高练习的难度,在六边形内进行单足跳的练习。

（2）改变六边形边长进行练习。

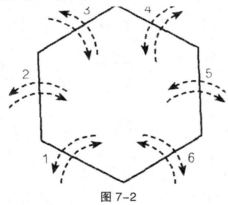

图 7-2

（三）20 码往返跑（图 7-3）

1. 目的

提高青少年运动员快速变向、移动和反应能力。

2. 练习方法

（1）运动员两腿成开立姿势,做好充分的准备,听口令跨过起始线。

（2）运动员向右转身,快跑并用右手触摸 5 码远的一条线。

（3）运动员转回左边,跑过 10 码距离并用左手触摸远处线。

（4）运动员转回右边,跑过 5 码距离,穿过起始线完成练习。

3. 提高性练习

（1）增加练习的距离,如 20 码的组合练习。

（2）在相同的距离内用单腿完成快跳、舞步等各种形式的练习。

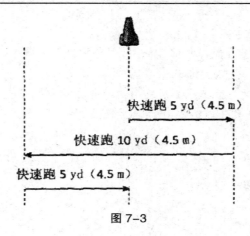

图 7-3

（四）60 码往返跑（图 7-4）

1. 目的

提高青少年运动员的一般灵敏素质水平。

2. 练习方法

（1）运动员做好准备,两脚成开立姿势。

（2）向前跑 5 码到第一条线,并用一只手触摸这条线,然后转身回到起始线。

（3）向前跑 10 码到第二条线,并用一只手触摸这条线,然后转身回到起始线。

（4）向前跑 15 码到第三条线,并用一只手触摸这条线,然后转身回到起始线。

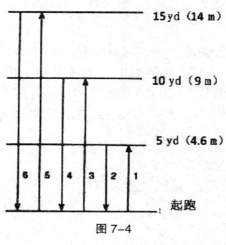

图 7-4

（五）15 码转身（图 7-5）

1. 目的

提高变向能力、髋部灵活性和步法。

2. 练习方法

（1）运动员做好准备，两腿成开立姿势。

（2）向前跑 5 码距离到 1 号锥桶，然后围绕 1 号锥桶做向右急转弯。

（3）跑到 2 号锥桶（2 号锥桶置于起始点右侧 5 码处、1 号锥桶对角处），然后围绕 2 号锥桶做向左急转弯。

（4）跑过 5 码距离穿过终点线。

3. 提高性练习

（1）运动员在转弯时选择用手心触地的方式。

（2）结合运动员的具体实际适当改变锥桶之间的距离。

（3）由围绕锥桶转弯变为听命令转弯，提高运动员的反应力。

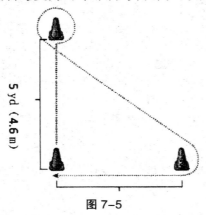

图 7-5

（六）20 码方形跑（图 7-6）

1. 目的

提高变向、身体位置、练习间转换和切入能力。

2. 练习方法

（1）两腿成开立姿势。

（2）跑过 5 码距离到 2 号锥桶，然后快速右切。

（3）向右跑过 5 码距离,在 3 号锥桶位置快速切回。

（4）后退 5 码到 4 号锥桶,然后快速左切。

（5）向左跑回 1 号锥桶。

3. 提高性练习

（1）做不同准备姿势的练习。

（2）结合运动员的实际情况适当改变锥桶之间的距离。

（3）依据运动员的个人能力与运动基础适当改变腿的技巧。

（4）运动员选择用腿内侧或外侧切入。

（5）运动员选择从锥桶外边或外侧圆圈切入。

（6）运动员转弯时选择用手心触地的方式练习。

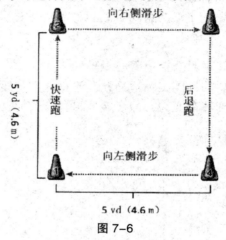

图 7-6

（七）8 字形跑（图 7-7）

1. 目的

提高青少年运动员的身体变向能力和反应能力。

2. 练习方法

（1）在平整的场地上放置两个间距为 5 ~ 10 码的扁平锥桶。

（2）运动员做好准备,两腿成开立姿势。

（3）运动员听口令在两锥桶间做 8 字形跑,转弯时用手心碰触每一
个锥桶。

3. 提高性练习

（1）结合运动员的练习实际和身体情况适当改变锥桶之间的距离。

（2）适当增加运动中的难度,如改变转弯时的半径。

（3）运动员做出不同准备姿势的练习,如采用坐式、蹲踞式等准备姿势。反复进行练习。

图 7-7

（八）来米奇脚步移动（图 7-8）

1. 目的

提高青少年运动员身体的协调性和下肢动作的快速性。

2. 练习方法

（1）从绳梯左侧开始。

（2）右脚侧向迈步,并置右脚于绳梯第一格内,左脚亦然。

（3）右脚侧向迈步,并置右脚于绳梯的右侧,然后置左脚于绳梯第二格内。

（4）置右脚于同一格内。

（5）左脚侧向迈步,并置左脚于绳梯的左侧,然后置右脚于绳梯第三格内。

3. 提高性练习

（1）根据练习情况适当增加绳梯的距离。

（2）在绳梯内放置障碍物,增加练习的难度。

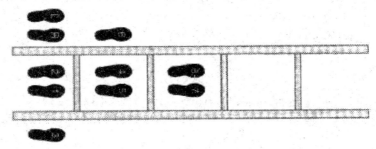

图 7-8

（九）侧面右进（图7-9）

1.目的

培养和提高青少年运动员身体的灵敏性、协调性。

2.练习方法

（1）运动员做好准备，两腿成开立姿势。

（2）运动员站在绳梯侧面，面对绳梯。

（3）运动员右脚向前迈步进入绳梯第一格内。

（4）运动员左脚向前迈步，跨过绳梯第一格，置于绳梯另一侧。

（5）运动员右脚侧向迈步进入绳梯第二格内。

（6）运动员左脚向后迈步，置于绳梯第二格前面。

（7）运动员右脚侧向迈步进入绳梯第三格内。

（8）重复以上步骤，直至走完整个绳梯。

3.提高性练习

（1）采用侧面左进的方式练习。

（2）左脚迈步，并使用侧面右进中的相反脚进行练习。

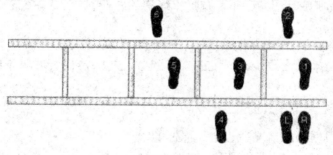

图 7-9

（十）蛇形跳（图7-10）

1.目的

提高运动员灵敏性、平衡性、协调性、髋部灵活性和快捷性。

2.练习方法

（1）运动员做好准备，两腿成开立姿势。

（2）进行一系列的直角转弯跳，并保持两脚一起。

（3）跳跃前进方向如图7-10所示：正前方、右方、正前方、左方、正前方等。

（4）跳起时必须转髋。

3. 提高性练习

（1）变换各种准备姿势。

（2）变换前进的方向。

图 7-10

三、提高灵敏素质的游戏训练

（一）夜间搜索

1. 目的

提高青少年运动员的判断力及快速反应能力。

2. 练习准备

准备好手帕若干块；一块平坦的场地并在地上画若干个直径为3米的圆圈。

3. 练习方法

青少年依据自愿的原则四人为一组,其中两人用手帕将眼睛蒙上站在圈内,另两人站在圈外。教师发令后,圆内练习者用手去搜索对方,在规定的时间内,抓住对方者得1分。然后圈内外人交换,按同样方法反复练习。最后积分多者获胜(图7-11)。

4. 注意事项

（1）圈内的运动员在互相追逐时,不能出圈。

（2）抓人者可以抓对方身体的任何部位,但不能用脚踢对方。

（3）不准向任何人提供搜索的方向,否则就会被叛出局。

图 7-11

（二）拨球绕圈

1. 目的

培养和提高青少年运动员的灵敏素质,提高运动员控制球的能力。

2. 练习准备

排球 2 个,体操棒 2 根,实心球 12 个。一块平坦的场地,场地上画一条起点线,距起点线 10 米处各画两个直径为 2 米的圆,两圆之间相距 4 米。在圆圈上分别摆上 6 个实心球。

3. 练习方法

运动员分成人数相等的两队,面对圆成纵队站在起跑线后。各队第一人手持一根体操棒,起跑线前各放一个排球。教练员发出开始的口令后,各队第一人用棒拨球(地滚球)前进,到圆圈处逐个绕过实心球,返回起点,把球停放在起点线前,把棒交给第三人,第二人迅速按同样方法进行练习,依次类推。先完成比赛的队伍获胜(图 7-12)。

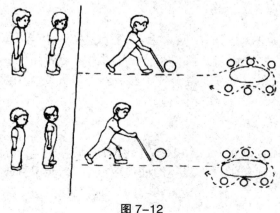

图 7-12

4. 注意事项

（1）运动员在拨球前进时，球不能离开地面，离开地面教练员要给予警告并返回重新开始。

（2）球要逐个绕过实心球，否则就视为犯规，重新开始。

（三）一切行动听指挥

1. 目的

培养和提高青少年运动员集中注意力的能力。

2. 练习准备

准备好红旗、绿旗各一面，一块平坦的场地，并在场地上画两条相距20米的平行线，分别为起点线和终点线。

3. 练习方法

把运动员分为人数相等的四队，成纵队站在起点线后，教练员站在练习者对面的终点线上，两手各持红、绿小旗，指挥练习者行动。

练习开始后，教练员举起绿旗，各队向前走；放下绿旗，举起红旗，各队停止前进。反复练习若干次，先到达终点的队伍获胜。

4. 注意事项

要按规则看信号行动，练习者做好互相监督。破坏规则者要受到相应的惩罚。

（四）紧跟引导人

1. 目的

提高青少年运动员快速反应能力和身体的灵活性。

2. 练习准备

一块平坦的场地。

3. 练习方法

运动员分为人数相等的几个小组。教练员喊口令，练习者听口令手拉手跟着对方队长往前跑，边跑边跟着队长做动作。每个组的队长要尽量做出复杂的动作，造成对方队员的失误。练习中如果有人松手一次或动作未跟上则扣1分，在规定的时间内以扣分少的队为胜。

4. 注意事项

每个队的队长必须要听从教练员的口令做动作,主要以下肢动作为主。违反规则者要受到一定的惩罚。

（五）机警换位

1. 目的

培养和提高青少年运动员的快速反应能力。

2. 练习准备

一块平坦的场地。

3. 练习方法

运动员分为人数相等的两队,间隔 3 米,成二列横队面对面站立,选出一人做守卫人,站在两列横队中间。练习开始后,队列中的人要与对面的人互换位置,并且不被守卫人发现。守卫人则要竭力监视所有企图换位的人,一经发现立即喊出他的名字,被喊出名字的队员与守卫人互换,继续练习。

4. 注意事项

（1）换位必须双方互换,只有一方换过去,若被守卫人喊出名字,也算被发现。

（2）守卫人如果发现换位,必须在其换位动作完成前喊出名字,方才有效。

（六）扶棒

1. 目的

提高青少年运动员动作快速反应能力及身体灵敏度。

2. 练习准备

准备好体操棒一根,在场地上画一个圆。

3. 练习方法

运动员站在圆圈上面对圆心,从排头依次报数,每人记住自己的号数,选出一人站在圆心扶住体操棒。练习开始,扶棒人呼出一个练习者的号数时,马上松开扶棒的手,被呼号的人应立即跑去扶棒,与原来扶棒的人交换位置,再按同样方法继续进行。每次轮换中没扶住棒的练习者为失败。

4. 注意事项

（1）扶棒人不得故意推、拉棒,否则视为犯规。

（2）所呼的号数必须是本队有的号数。

（七）看谁打得准

1. 目的

提高青少年运动员准备的动作判断能力,提高运动员所做动作的规范性。

2. 练习准备

准备好体操棒若干根,手帕若干块。在平整的场地上画若干个边长为40厘米的正方形。

3. 练习方法

运动员按自愿原则每两人为一组,各组一人原地站立,一人手持体操棒把棒压在目标上,持棒人用手帕把眼睛蒙上做好准备。听到教练员发出口令后,拿棒者原地转三圈,用木棒打击一次目标为一组动作,连续做三组动作,每击中一次目标者得1分,然后换另一人做同样动作,两人轮流进行。练习结束时,以积分多者为胜。

4. 注意事项

练习者转三圈以后只能打击一次目标,不能连续击打,否则会被视为犯规并接受相应的惩罚。

第三节　青少年运动员灵敏素质训练注意事项

青少年运动员在参加灵敏素质训练时一定要注意以下几个方面的要求,这样才能保证良好的训练效果。

一、做好训练前的准备工作

灵敏素质训练属于体能训练的一个形式,与其他方面的体能训练一样,在进行灵敏素质训练之前,也要做好充分的准备活动,这样才能使得身体得到充分的舒展,促使关节得到一定的锻炼,能使人体很好地适应接下来的体能训练,从而有效避免运动损伤。

运动前的准备活动主要有一般性准备活动和专项准备活动两大类。前者主要是指一些全身性的身体练习,通过各种练习方式,人体代谢水平获得不断提高,机体会越来越兴奋,这样能有效避免运动损伤。后者是指与所从事的体育运动相关的活动练习,一些专业的比赛要进行专门性的准备活动,这是保证比赛顺利进行的重要因素。另外,也可以将一般性准备活动和专项准备活动结合起来利用,这样也能取得理想的效果。

二、注意训练过程的循序渐进

任何训练活动都需要循序渐进、按部就班地进行,这是一个非常重要的原则。只有循序渐进地参加运动训练,运动员才能有效地掌握和提高运动技能。在灵敏素质的体能训练中,青少年运动员也理应遵循这一基本原则。

一般来说,人体动作的灵敏性主要取决于脚步的移动动作,脚步移动动作较快就意味着灵敏性较好,反之则不好。青少年运动员在进行灵敏素质训练时,如果训练方法不当或者没有遵循循序渐进的基本原则而急于求成,就容易导致膝、踝关节等损伤,不利于体能训练的顺利进行。因此一定要注意体能训练的循序渐进,不能为了尽早实现训练目标而急于求成。

三、注意与其他专项素质相结合

为获得理想的训练效果,灵敏素质训练还要结合运动专项进行,因为不同的运动项目对灵敏素质的要求都是不同的。总体而言,需要做到以下三个方面的要求。

（一）灵敏素质训练与专项技术相结合

不同的运动项目对灵敏素质的要求不同,在这样的前提条件下就要结合运动专项的技术特点进行有针对性的灵敏素质训练,这样才有利于提高运动员的运动水平,有利于取得理想的比赛成绩。如足球灵敏素质训练可以采取各种有球或无球时的减速、急停等训练手段来提高运动员身体的灵活性,这种有针对性的训练手段往往能取得事半功倍的效果。

（二）灵敏素质训练与反应训练相结合

人的反应一般分为单纯反应和复杂反应两种。其中，单纯反应是指对发生的突发状况做出一定的预判，然后做出一定的动作反应，如短跑运动员听到枪响后的反应就属于这一反应形式。而复杂反应则是指动作不预定，依据不同的刺激条件而做出相应的动作反应，如球类比赛中，运动员会因为球的方向和队友的运动方向而做出各种改变，这种复杂的反应显然要比单纯反应更为复杂和重要。青少年运动员在进行灵敏素质的训练时一定要将其与反应训练结合起来进行，这样才有利于取得理想的训练效果。

（三）灵敏素质训练与力量训练相结合

灵敏素质训练还要与力量训练相结合，这是因为在训练中适时地增加力量，就容易克服动作中的阻力，肌肉能得到快速收缩，这样就能获得更快的速度，人体的灵敏性也会得到一定的增强。

需要注意的是，青少年运动员要尽量避免在身体状况欠佳或情绪不好的情况下进行训练，否则就容易导致运动伤病，适得其反。另外，良好的爆发力是提高人体灵敏性的重要条件。因此灵敏素质训练还要与爆发力训练充分结合起来进行。

四、注意技术动作的规范性

为了保证青少年运动员所做动作的灵敏性，应在平时的训练中注意技术动作的规范性，这样才能为灵敏素质的提高奠定良好的基础。以篮球为例，篮球中的各种脚步动作、投篮动作等都需要运动员保持身体重心的平稳，否则就无法完成比赛的要求。篮球运动员在运动的过程中，膝关节要保持弯曲，与脚趾呈一条垂线，切忌完全伸直。在做各种技术动作时，身体不要过于前、后倾斜或摆动。要保证正确的身体重心，技术动作要合理和规范，这样才能促进灵敏素质的发展和提高。

五、注意训练手段和方法的多样性

不同的运动项目有着不同的训练手段和方式，因此青少年运动员在进行灵敏素质训练时，一定要注意训练手段的多样化，这样不仅能有效提高运动技能,还能帮助运动员获得更好的空间感知能力,提升运动员的综合素质。

人体灵敏素质的发展与运动器官功能之间有着一定的关系,人体能否做出各种准确的动作反应在很大程度上取决于各种分析器官和运动器官功能的提高。而当运动员的动作技能比较熟练时,再去发展灵敏素质意义就不大了。因此,青少年进行灵敏素质的训练一定要注意训练手段的多样性,这样才能取得理想的训练效果。

六、注意训练时间与训练内容安排的合理性

灵敏素质训练是一个长久的过程,在灵敏素质训练中,各个训练项目的安排要合理,训练时间要合理,训练内容也要合理。除此之外,每次训练的时间不宜过长,训练的次数不宜过多。相关研究与实践表明,长时间的训练容易导致运动疲劳,而在疲劳的身体状态下,灵敏素质训练就难以取得理想的效果。因此,青少年运动员要注意训练时间及内容安排的合理性,避免在疲劳的情况下参加灵敏素质训练活动。

要想提高灵敏素质训练的效果,教练员要指导青少年运动员科学地参加训练,准备期应以一般灵敏素质训练为主,比赛期以专项灵敏性训练为主。在平时训练中,灵敏素质训练要安排在课程的前半部分,在饱满的情绪下进行灵敏素质训练往往能获得理想的训练效果。

青少年运动员在进行灵敏素质训练时,间歇时间一定要充分,但是休息时间的安排要合理,不能过长或过短,要依据运动员的个人实际和运动强度而定。通常情况下,训练时间和休息时间应控制在 1∶3 的比例。

第八章　青少年运动员功能性体能训练方略

　　对于青少年运动员来说,通过体能训练,能够使其各项身体素质都得到有效发展,整体水平也会有所提升,这对于他们参与到各个专项运动中,发挥出理想的技术水平是非常有帮助的。但是,只依靠传统的体能训练,只能使青少年运动员的专项和运动能力方面得到提升。而功能性训练强调的重点在于,利用模仿真实运动期间技能动作活动的生理特质,利用合理训练方法,使运动技术水平得到大大的提高。由此可见,青少年运动员功能性体能训练是非常重要且必要的。本章主要对功能性体能训练的概念、理念与原则、训练计划的设计以及训练方法等几个方面进行分析和阐述,从而在充分了解功能性体能训练的同时,全面掌握科学的训练和提升方法。

第一节　功能性体能训练的概念

　　关于功能性体能训练的概念,众说纷纭,大家都有各自的理解和认识。

　　Thoncion 等相关专家对功能性体能训练的理解为:功能性体能训练,是一种具体完整的身体体能训练方式,其在运动过程中会呈现出稳定高效的作用。

　　Cress 认为,相较于传统体能训练来说,功能性体能训练的广泛性和有效性更为显著,同时在专项技术动作上的力量训练的基础上,能够使运动专项力量得到更大程度上的提升,提高运动员自身的专项运动能力和比赛技术,也能使身体的动态稳定性得到提升。

　　王卫星认为,功能性体能训练具有显著的综合性和针对性特点。

　　功能性体能训练的特征可以归纳为五个方面:① 练习方法和物体运动的一致性;② 强调运动具有整体性;③ 身体核心相互作用;④ 本体感受和神经系统控制;⑤ 多平面运动。

由此可见,尽管国内外关于功能性体能训练的概念理解还没有达成一致,但是,有些方面是普遍被认同的,比如,功能性体能训练强调的重点都是在多平面运动中,整合性及灵活性运动,有助于提升训练的效率和能力。

综上所述,关于功能性体能训练的概念,可以将其界定为:在训练过程中,不仅要关注关节的柔韧性,还要关注肌肉的弹性,并且将两者有机结合起来,同时,还要提前分析运动员的肌肉以及肌肉群的类别,确定固定的方式,以此来选用辅助性训练手段。[①]

第二节　功能性体能训练的理念与原则

一、功能性体能训练的理念

体能训练的发展是离不开传统体能训练的,在分析和理解功能性体能训练之前,要对传统体能训练加以分析和掌握。

传统体能训练,主要强调的是训练的特点,其主要表现为:单方向、单关节、实效性较低、有序。而功能性体能训练在很多方面都与之有较大的差异性,比如,其主张更好地服务于运动员,有效整合各方面的资源并加以利用,避免运动损伤的发生,保证运动成绩的提高。

功能性体能训练理念的产生,是围绕多维度、多关节、无轨迹、无序的场上所需动作而设计动作模式的,从而将运动员的运动技能充分展现出来,同时也有效提升对动作质量的关注程度。

从训练系统的设计的角度上,功能性体能训练是作为一个整体存在的,其中涉及多学科的知识,比如,哲学、方法学、战术训练等,同时,这也使各训练系统内的整合与协调得以实现。

从解剖位置的角度上,功能性体能训练所用到的训练部位主要为躯干和各关节周围肌肉。

从生理功能的角度上,功能性体能训练的侧重点是多方面的,比如较为主要的有:稳定性和平衡性,辅助肌群所具有的固定作用、颉颃肌所产生的适宜的对抗作用,还有神经支配肌肉方面的能力。

从作用的角度上,功能性体能训练对力量的关注度较高,确切来说,

① 张雅飞,郝丽娜,路佳.功能性体能训练在高校体育课程改革中的应用性研究[J].科技资讯,2020,18(01):159-160.

是指"柔性力量"。

二、功能性体能训练的原则

在进行功能性体能训练时,为了保证训练的安全性,避免不必要损伤的发生,也为了保证理想的训练效果,需要遵循以下几个方面的原则。

（一）无疼痛训练原则

功能性体能训练中对很多方面都很重视,其中的一个关注点就是无疼痛训练,其为了将动力链的传递效能提升起来,以运动功能动作筛查的方式切入,将动作模式训练作为核心。其中,要强调运动功能障碍的明确性,并且将要消除的疼痛部位或损伤点找出来,在这之后,就可以将相应的一些方法和手段制定出来,从而有效消除运动功能障碍。而动作模式训练的主要目标则在于增强神经对肌肉的控制,这一系列的动作训练结束后,通常就能起到增强关节的稳定性和灵活性的作用,并且所增强的幅度是呈递增趋势的,最终达到有效提升动力链传递效能的目的。

（二）动作规范原则

青少年运动员的训练并不是随意进行的,而是要按照教练员事先制定好的训练计划进行的。在训练过程中,一定要保证训练所用动作的规范性和正确性,避免代偿性动作的出现以及由此所导致的训练的无效性。

青少年运动员要想进一步提升其训练水平,一个重要的前提条件就是必须在平时的训练中就注重练习动作的正确性,针对已经出现的错误,要采取有效措施来加以纠正。由此可见,功能性体能训练是非常重视完成动作的质量和动作实效性的。

（三）循序渐进原则

遵循循序渐进的原则进行训练,所针对的并不是某一方面的训练,而是各个训练周期,与此同时,每次训练前做到前后训练的对应性与衔接性,这一点是要重点强调的。

从适应性规律的角度上,有机体会因为刺激的不断变化而做出不同的反应,但是,如果是一个恒定不变的刺激,那么其所产生的反应会逐渐下降。这一点在青少年运动员的训练中也有所体现,具体来说,就是青少年运动员如果采用的练习方法和训练负荷持续的时间很长,那么最终取得的训练效率就会大大降低。

从青少年运动员自身角度,其训练的循序渐进,是要遵照系统性原则进行的,具体来说,是指适应高强度训练;训练方法、手段和训练负荷变化;训练水平逐步提高。

(四)最优化原则

功能性体能训练,将大幅度提升青少年运动员神经系统的控制能力,从而使其身体稳定性、灵活性得到保证,具体来说,其以尊重客观存在的人的生长发育阶段规律为出发点,这也是功能性体能训练得以顺利进行的重要基础性条件,从人体功能解剖的结构理论和运动生物力学原理的角度上来看,是通过一系列的动作模式的应用来实现的(图8-1)。

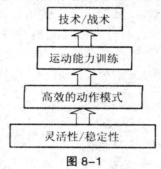

图 8-1

一般来说,功能性体能训练的关注重点在于运动功能,其中涉及动作筛查、动作准备、动力链训练、核心柱力量和恢复再生等多方面内容。通过功能性体能训练,青少年运动员的专项能力会得到发展与提升,伤病发生的概率降低,赛场竞技表现力有所提高。

(五)创新原则

当前,先进的科学技术不断涌现,其在各个领域中的应用范围也越来越广泛,由此便逐渐催生出了一系列新的方法和手段,在重要的影响对象中,功能性体能训练方法也是其中之一。

第三节 青少年运动员功能性体能训练计划的设计

一、青少年运动员功能性体能训练计划的目标

（一）优化功能性体能训练结构

功能性体能训练和传统体能训练之间并不是相互排斥的关系，而是相辅相成、互为补充的关系。从大部分的运动项目上来说，不仅需要安排一些传统体能训练中的单关节力量练习，多维度、多关节肌群共同参与，以及神经肌肉和本体感觉共同作用的整体肌群协同发力练习也是非常重要的，因为只有将这两个方面的训练充分结合起来，才能达到提高肌肉和神经系统的功能的显著效果。在功能性体能训练过程中，首先要关注的重点是完成动作的质量和能量传递效能，要通过上下、左右、旋转等多维度的练习手段来使身体运动能力得到提升。

需要指出的是，要想提升训练的难度，首先要保证训练的稳定性、灵活性和平衡能力是提升的。如果训练的稳定性和灵活性得不到保证甚至是欠缺的，在这样的状况下，一味增加动作的难度和新颖性，或强调与专项技术动作的结合，不仅不会提升自身的运动能力，还会增加运动损伤的发生概率（图 8-2）。

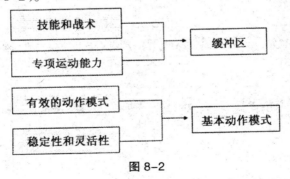

图 8-2

（二）强化科学的动作模式训练

动作模式，就是为了实现某一特定动作的完成所采用的有效方法，专项技术动作训练将动作模式作为其最小单位。动作模式训练，能够将肌

肉同神经系统密切结合在一起,由此,运动损伤的发生概率会大大减少,而学习技术动作的效率会大大提升,同时,运动技能的形成周期也会大大缩短,进而提升运动能力的运用效果。

在动作模式训练过程中,一定要对动力链传递加以关注。换句话说,就是要将身体一端的力量传递到另一端,使力量在传递过程中的消耗尽可能减少。因此,对于动力链传递效能的提升来说,躯干支柱力量训练是关键性的重点,是必备条件。

为了保证训练效果,要求在动态力量训练过程中,一定要将离心收缩、向心收缩、等长收缩、等动收缩以及快速伸缩复合练习等多种形式综合起来加以运用,这样能够使肌肉的弹性更好,肌肉用力方式转换速度也会变得更快。

二、青少年运动员功能性体能训练计划的内容

（一）功能性力量训练板块

功能性力量训练的板块主要由 3 ~ 5 个板块组成（图 8-3）。

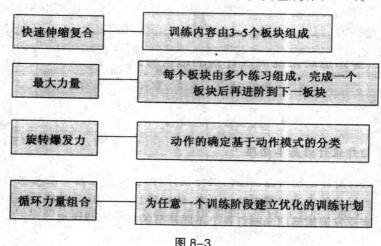

快速伸缩复合	训练内容由3~5个板块组成
最大力量	每个板块由多个练习组成，完成一个板块后再进阶到下一板块
旋转爆发力	动作的确定基于动作模式的分类
循环力量组合	为任意一个训练阶段建立优化的训练计划

图 8-3

（二）动作设计的基本思路

在涉及功能性体能训练的动作时,首先要做的是确定下来各个不同训练阶段的训练目标和技术动作,并且以项目特点、运动技能形成规律以及身体素质发展敏感期为依据,来将各个不同环节的具体训练内容制定

出来。具体的设计思路在图 8-4 中有直观的展示。

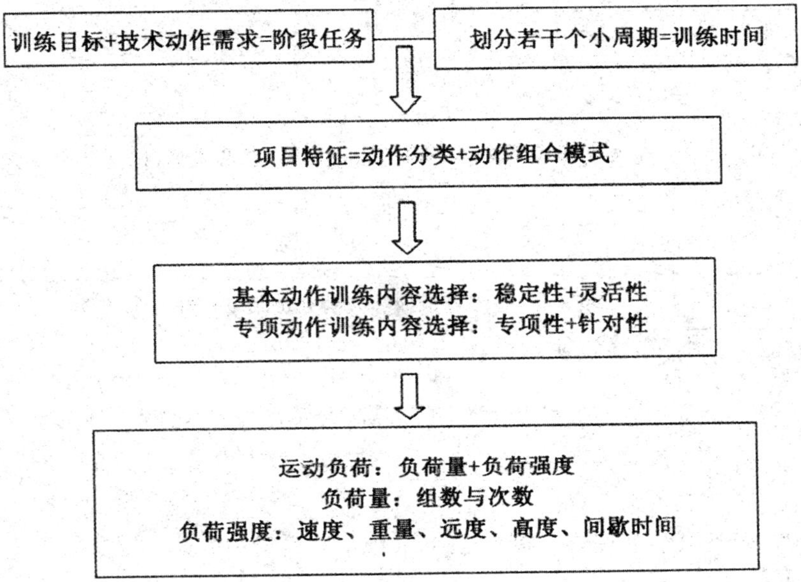

```
┌─────────────────────────────┐   ┌──────────────────────────┐
│ 训练目标+技术动作需求=阶段任务 │───│ 划分若干个小周期=训练时间 │
└─────────────────────────────┘   └──────────────────────────┘
                ⇩
┌─────────────────────────────────────────────┐
│           项目特征=动作分类+动作组合模式        │
└─────────────────────────────────────────────┘
                ⇩
┌─────────────────────────────────────────────┐
│  基本动作训练内容选择：稳定性+灵活性            │
│  专项动作训练内容选择：专项性+针对性            │
└─────────────────────────────────────────────┘
                ⇩
┌─────────────────────────────────────────────┐
│  运动负荷：负荷量+负荷强度                      │
│  负荷量：组数与次数                            │
│  负荷强度：速度、重量、远度、高度、间歇时间      │
└─────────────────────────────────────────────┘
```

图 8-4

（三）训练负荷的安排

1. 训练负荷安排的原则和内容

在对功能性体能训练的负荷进行安排时，一定要遵循循序渐进的原则，具体的安排为：徒手无负重练习——持器械的抗阻练习、从稳定状态的多点支撑——非稳定状态的单点支撑、由单个动作到多个动作的组合。这种安排对于训练内容和负荷的调节都是适用的。

在基础力量训练方面，发展的主要内容为一般性功能力量。以某一训练单元训练内容和负荷安排为例。具体如表 8-1 和表 8-2 所示。

表 8-1　功能性力量和肢体力量训练负荷安排

类别	动作模式类型	练习一	练习二	负荷
上肢为主	上肢拉练习	站姿 Keiser 平拉	悬吊带卧拉	3 组 ×10 次
	上肢推练习	卧推（稳定）	俯卧撑（不稳定）	3 组 ×10 次
下肢为辅	下肢拉练习	杠铃硬拉		3 组 ×8 次
	下肢推练习	负重弓步走		3 组 ×8 次

续表

类别	动作模式类型	练习一	练习二	负荷
下肢为主	下肢拉练习	悬吊带俯姿收腿（不稳定）	单腿 RDL 硬拉（不稳定）	3组 ×10次
	下肢推练习	侧向单腿下蹲（稳定）	悬吊带前后分腿蹲	3组 ×10次
上肢为辅	上肢拉练习	站姿哑铃上提		3组 ×8次
	上肢推练习	半跪姿哑铃斜上举		3组 ×8次

表 8-2　躯干力量训练内容和负荷安排

类别	强度	运动形态	练习一	练习二	练习三	负荷
发展式为主	高	动力	悬吊带跪姿前推	瑞士球旋转	药球侧抛	4组 ×12次
矫正式为辅	低	静力	俯桥	背桥	侧桥	3组 ×30秒
发展式为主	高	动力（不稳定）	手脚交替俯桥	瑞士球背桥	节奏举腿侧桥	3组 ×50秒

2. 训练频率和顺序

身体运动功能训练的频次与时间安排应结合项目对体能的需求和自身体能状况、技战术结合的分配比例以及赛季与非赛季之间的匹配进行。

在完整的训练周期具体安排抗阻训练频率时,应对运动员多种练习的总负荷量给予充分考虑。除此之外,其他训练的效应和影响以及运动员训练以外的体力活动情况都是需要考虑的重要因素(表 8-3)。

表 8-3　不同训练周期抗阻训练频率

训练周期	抗阻训练频率（次 / 周）
基本期	4 ~ 6
赛前期	3 ~ 4
比赛期	1 ~ 2
调整期	1 ~ 3

训练的顺序通常为:首先,可安排爆发力训练,接着再安排其他核心训练,然后安排辅助力量训练。抓举、提铃高翻、高翻、上举等要在爆发力训练开始之初进行,之后再安排非爆发式的核心部位力量练习,最后安排一些辅助练习。

三、青少年运动员功能性体能训练计划的具体制定

（一）小周期训练计划

对于那些想在快速移动中提升爆发式击球能力的青少年运动员来说，教练员在安排功能性体能训练时，一定要将各种形式的步法移动阻力训练综合起来加以安排（表8-4、表8-5）。

表8-4　以发展旋转爆发力为主的内容安排

训练内容	练习一	练习二	练习三	组数	次数
旋转爆发力 移动速度	橡皮带侧向 移动（连续三步）	Keiser 侧拉	药球侧抛	6	3

表8-5　步法移动训练内容安排

训练内容	练习一	练习二	练习三	组数	次数
移动速度 旋转爆发力	橡皮带侧向移动 （连续三步）	橡皮带多方向加速 （斜前方为主）		6	3

（二）针对力量的训练计划

这里介绍几个典型的针对力量素质的训练计划，具体的训练强度和内容会因为具体项目的不同而进行相应安排。具体的训练计划表见表8-6至表8-8。

表8-6　小周期强度安排

项目	强度			
专项训练	大	中	大	中
身体训练	小	大	中	小

表8-7　小周期身体功能训练内容安排（第一个小周期）

一	二	三	四	五	六	七	八	九	十
功能性 力量	速度	躯干 力量	功能性 力量	速度	躯干 力量	功能性 力量	速度	躯干力量	休息
上肢 为主		提高	上肢 为主		提高	上肢 为主		提高	
下肢 为辅			下肢 为辅			下肢 为辅			

表 8-8 小周期身体功能训练内容安排(第二个小周期)

一	二	三	四	五	六	七	八	九	十
功能性力量	速度	躯干力量	功能性力量	速度	躯干力量	功能性力量	速度	躯干力量	休息
上肢为主		提高	上肢为主		提高	上肢为主		提高	
下肢为辅			下肢为辅			下肢为辅			

（三）训练课的具体安排

关于青少年运动员功能性体能训练课的安排,具体会因为力量训练的分类和封闭训练而有所不同。

四肢的力量训练和躯干支柱力量训练是有所区别的(表8-9、表8-10)。

表 8-9 周计划安排

周一	周二	周三	周四	周五	周六	周日
上肢推和下肢蹲起	下肢蹬和上肢拉	再生恢复性训练和全身小肌群力量	上肢蹲起和下肢推	上肢和躯干的旋转与拉和下肢的蹬伸	再生恢复性训练和以下肢为主的旋转屈伸	休息

表 8-10 力量训练动作组合

上肢为主	两个上肢拉	下肢为辅	1个下肢拉
	两个上肢推		1个下肢推
下肢为辅	两个下肢拉	上肢为辅	1个上肢拉
	两个下肢推		1个上肢推
躯干支柱力量	发展式	高强度	动力性练习
	矫正式	低强度	静力性练习

第四节　青少年运动员功能性体能训练方法

一、跳箱训练

（一）双脚跳上跳下

面对高度为 30 ～ 80 厘米的跳箱或台阶,两脚开立与肩同宽,手臂后摆,膝关节屈曲约 140°,两脚快速蹬地,同时两臂由后向前上方摆动,使身体向前上方跳起,双脚落在箱子上屈膝缓冲,再继续向前上方跳起,双脚落地屈膝缓冲。练习 3 ～ 5 组,每组做 6 ～ 12 次,组间间歇 30 秒。

（二）左脚跳上

面对高度为 30 ～ 80 厘米的跳箱或台阶,左腿站立,手臂后摆,膝关节屈曲约 140°,左脚快速用力蹬地,同时两臂由后向前上方摆动,使身体向前上方跳起,双脚落在箱子上屈膝缓冲,左右脚交替进行。练习 3 ～ 5 组,每组做 6 ～ 12 次,组间间歇 30 秒。

（三）两侧蹬推

侧对高度为 30 ～ 80 厘米的跳箱,左腿站立,右脚踩在跳箱上(脚内侧靠近跳箱的边缘),右脚蹬推跳箱向右上方跳起,身体在空中充分伸展,左脚先落在跳箱上,右脚再着地支撑,然后向左重复此动作,连续蹬推跳起。练习 3 ～ 5 组,每组做 6 ～ 12 次,组间间歇 30 秒。

（四）侧边蹬推

侧对高度为 30 ～ 80 厘米的跳箱,左腿站立,右脚踩住跳箱上(脚内侧靠近跳箱的边缘),右脚蹬推跳箱向上跳起,身体在空中充分伸展,右脚先落在跳箱上,左脚再着地支撑,连续蹬推跳起,两脚交替进行。练习 3 ～ 5 组,每组做 6 ～ 12 次,组间间歇 30 秒。

二、低栏架训练

（一）向前移动

1. 渐增步幅跑

身体直立，正对栏架站立；上体前倾，重心前移，双臂配合下肢摆动，摆幅要大，支撑腿蹬地发力，摆动腿积极向上抬，逐渐增加步幅，蹬伸充分，每步跨越一个栏。完成练习后向前进行 30 米加速跑。练习 2 ~ 3 组，每组做 3 ~ 5 次，组间间歇 20 秒。

2. 持实心球连续蹬伸跳

两脚开立与肩同宽，屈膝站立，两手持实心球于胸前；双腿同时发力向前跳起，同时迅速将球推向斜前方，双脚落地缓冲前将实心球收至胸前，还原成准备姿势后继续前进，每步只跳一个栏。完成练习后向前进行 30 米加速跑。练习 2 ~ 3 组，每组做 3 ~ 5 次，组间间歇 20 秒。

（二）侧向移动

1. 侧向左右折返跑

两腿开立与肩同宽，双臂自然下垂，站在栏架的侧方；左腿蹬地，右腿向右高抬，横跨栏架后以前脚掌着地，同时向左斜上方蹬地，左脚向左高抬，着地后重复以上动作。完成练习后迅速转身向前进行 30 米加速跑。练习 2 ~ 3 组，每组做 3 ~ 5 次，组间间歇 20 秒。

2. 侧向高抬腿跑

侧对栏架，双臂配合下肢摆动，连续侧向高抬腿跑，每步跨越一个栏。完成练习后转身向前进行 30 米加速跑。练习 2 ~ 3 组，每组做 3 ~ 5 次，组间间歇 20 秒。

（三）多方向跳跃

1. 正方形双脚跳

面对栏架，屈膝半蹲站立，两脚与肩同宽；两腿同时发力跳进用栏架摆放的正方形，两臂配合下肢摆动，按顺时针方向依次跳进跳出每个栏架。可根据练习者能力安排垫步跳、连续跳、垫步折返跳、折返跳等多种练习方法。练习 2 ~ 3 组,每组做 3 ~ 5 次,组间间歇 20 秒。

2. "Z"字形双脚跳

两脚分开,屈膝半蹲侧对栏架站立;两腿蹬地,双臂配合下肢摆动,跳越左前方的栏架,双脚前脚掌着地的瞬间,踝关节发力跳跃左前方的栏架,然后绕栏架依次前跳。练习 2 ~ 3 组,每组做 3 ~ 5 次,组间间歇 20 秒。

三、气动阻力系统器材训练

（一）气动阻力系统推拉

1. 站姿推拉

身体侧对器械,略前倾,两脚分开略比肩宽,膝关节微屈。双肘屈成约 90°,双手各握住一个器械手柄;以臀大肌发力为主快速蹬伸,髋、膝、踝三个关节快速充分蹬直,右手快速前推,同时左手快速后拉、膝关节伸直、上体向右前方转动,身体姿态保持稳定。还原成起始姿势后,重复上一次动作。练习 4 ~ 6 组,每组做 8 ~ 12 次,组间间歇 2 ~ 3 分钟。两侧交替进行练习。

2. 平衡盘弓箭步推拉（异侧）

身体侧对器械,两腿前后分开成弓箭步姿势,右腿在前(大小腿夹角约为 90°),踩在平衡盘上,左腿的小腿与地面接近平行,左侧臀大肌收紧,右侧大腿下压以保持骨盆平稳,双肘弯曲约成 90°,双手各握住一个器械手柄;在保持身体稳定的前提下,左手快速前推,同时右手快速后拉、身体向左前方转动,身体姿态保持稳定。还原成起始姿势后,重复上一次动作。练习 4 ~ 6 组,每组做 8 ~ 12 次,组间间歇 2 ~ 3 分钟。两侧交替进行练习。

（二）气动阻力系统劈砍

1. 平衡盘站姿劈砍

身体侧对器械,两腿左右分开略比肩宽,两脚站在平衡盘上,膝关节、髋关节的角度均为 120° 左右,躯干伸直,肩关节放松下沉,右手握住气动阻力系统练习棒的末端;在身体稳定的前提下,左侧臀大肌发力并迅速转髋、伸髋,髋、膝、踝三个关节快速充分蹬直,同时双手经胸前快速向右斜下方牵拉练习棒,左手快速向外、向下推练习棒。还原成起始姿势后,重复上一次动作。练习4～6组,每组做8～12次,组间间歇2～3分钟。两侧交替进行练习。

2. 弓箭步劈砍（异侧）

身体侧对器械,两腿前后分开成弓箭步姿势,右腿在前(大小腿夹角约为90°),左腿的小腿与地面接近平行,左侧臀大肌收紧,右侧大腿下压以保持骨盆平稳,右手握住气动阻力系统练习棒的末端;在保持身体稳定的前提下,双手经胸前快速向斜下方牵拉练习棒,然后左手快速向外、向下推出练习棒。还原成起始姿势后,再重复上一次动作。练习4～6组,每组做8～12次,组间间歇2～3分钟。两侧交替进行练习。

（三）气动阻力系统斜上提推

1. 站姿斜上提推

身体侧对器械,两脚分开略比肩宽,膝关节、髋关节的角度均为120°左右,右手握住气动阻力系统练习棒的末端;以左侧臀大肌发力为主,下肢快速蹬地、转髋、伸髋,髋、膝、踝三个关节快速充分蹬直,同时双手经胸前快速向右斜上方提拉练习棒,然后左手快速向外、向上推练习棒,身体姿态保持稳定。还原成起始姿势后,重复上一次动作。练习4～6组,每组做8～12次,组间间歇2～3分钟。两侧交替进行练习。

2. 弓箭步提推（异侧）

身体侧对器械,两腿前后分开成弓箭步姿势,右腿在前(大小腿夹角约为90°),左腿的小腿与地面接近平行,左侧臀大肌收紧,右侧大腿下压以保持骨盆水平稳,右侧手握住气动阻力系统练习棒的末端;双手经胸前快速向身体右侧提拉练习棒,然后左手快速向前、向外推出练习棒,同时向右转体,身体姿态保持稳定。还原成起始姿势后,重复上一次动作。练习4～6组,每组做8～12次,组间间歇2～3分钟。两侧交替进行练习。

四、绳梯训练

（一）两腿前交叉向前跳

面对绳梯,两脚开立与肩同宽,身体稍前倾,手臂自然下垂;两脚蹬地并一前一后踩在同一框内,落地时继续蹬地,使两腿再次分开于梯外,循环往复。练习3组,每组做3次,组间间歇1分钟。可变为背对绳梯向后移动。练习时目视前厅,不要塌腰,配合手臂动作。

（二）跨骑式向前跳

正对绳梯,两脚开立略比肩宽,右脚在绳梯的第一框内,左脚在第一框左侧,膝关节微屈,两臂自然下垂;两脚同时发力,左脚踏人第二框内,右脚踏在第二框的右侧,交替往前跳。练习 3 组,每组做 3 次,组间间歇1 分钟。可变为背对绳梯向后移动。练习时上体保持正直,充分发挥踝关节力量,逐步加快频率。

（三）单腿前跳

单腿站立于绳梯的侧后方;右脚发力做 z 字形单脚跳,沿绳梯连续跳。两腿交替进行练习。可变为背对绳梯向后移动。练习 3 组,每组做3 次,组间间歇 1 分钟。练习时上半身保持稳定,身体重心控制好,动作频率要快。

（四）向前交叉换腿跨步

面对绳梯,左脚站在框内,右脚站框外,成小弓箭步;左脚蹬地,右脚踏入前框,左脚在框外,配合手臂动作前后交叉换腿,跨步向前循环。练习 3 组,每组做 3 次,组间间歇 1 分钟。可变为背对绳梯向后移动。

（五）外侧转髋前跳

面对绳梯,两脚开立与肩同宽,手臂自然下垂;双脚蹬地跳起向右转髋的同时往前跳起,左脚落在第二框内,右脚落在第一框内,还原成准备姿势,循环往复。练习 3 组,每组做 3 次,组间间歇 1 分钟。可变为背对绳梯向后移动。

（六）前交叉向前跑

两脚前后开立,右脚在前,站在绳梯的侧后方,双臂自然下垂;左脚后交叉踏入第一框内,右脚踏向第一框的右侧,左脚跟出,重心转移至右脚,左脚做一个垫步,紧接着右脚后交叉踏入第二框内,左脚踏向第二框的左侧,重心转移至左脚,循环往复。可变为背对绳梯向后移动。练习 3组,每组做 3 次,组间间歇 1 分钟。

（七）侧向交叉步

侧对绳梯，两脚平行于横杆开立；向右转髋，左脚迈入第一框，右脚随即从左脚后方迈入第二框，左脚从右脚后方迈入第三框，右脚再从左脚前方迈入第四框，循环往复。练习3组，每组做3次，组间间歇1分钟。

（八）侧向螃蟹步

侧对绳梯，两脚分开与肩同宽，站于第一、二框内，手臂自然下垂；两脚前后发力，右脚迈入第三框，接着左脚迈入第二框，循环往复。练习3组，每组做3次，组间间歇1分钟。

（九）侧向前后并步分腿跳

侧对绳梯，两脚开立约半肩宽，站于第一框内，手臂自然下垂；两脚同时起跳，右脚迈向第二框后，左脚迈向第一框前，两脚落地后同时迈向第二框内，再同时起跳，左脚迈向第二框后，右脚迈向第三框前，两脚落地后再同时跳进第三框内，循环往复。练习3组，每组做3次，组间间歇1分钟。

（十）180°转髋向前跳

两脚前后交叉，左脚在前，右脚在后，两臂自然下垂；双脚起跳，起跳后左右脚前后交换往前跳，每跳一次要过一个框。练习3组，每组做3次，组间间歇1分钟。

五、其他器械训练

（一）甩球训练

1. 坐姿甩球击地

坐在体操垫上，两脚分开与肩同宽，膝关节约成90°，双脚置于地面，两手持甩球置于身体右侧，挺胸抬头；下肢保持不动，躯干旋转发力带动甩球经胸前快速摆到身体左侧击地，随后立即再经胸前将甩球摆回起始位置，重复上一动作。练习4~6组，每组做8~12次，组间间歇2~3分钟。

2. 站姿甩球击墙

两脚开立略比肩宽,背向墙壁站立,距墙约1米,双手持甩球于体前;旋转躯干将甩球摆至身体右后方,使躯干形成扭紧状态;下肢快速蹬地、转髋、伸髋,沿着下肢转动的轨迹顺势旋转躯干和肩关节,双臂借助躯干的转动力量将甩球击向身体左后方的墙壁,击墙点与肩水平;借助甩球在墙面的反弹力,躯干快速向右转动,使甩球击打身体右后方的墙面,击墙点与肩水平,依次重复该动作。练习4~6组,每组做8~12次,组间间歇2~3分钟。

(二)长绳训练

1. 站姿拉长绳

两脚开立与肩同宽,屈膝、屈髋,上体稍前倾,双手向前伸直握住大绳,然后迅速交替向后拉绳,要求每次都向后拉到位,使胸椎充分旋转。

练习4~6次,每次持续8~10秒,次间休息2分钟。

2. 站姿抖长绳

两脚开立与肩同宽,上体稍前倾,屈膝成半蹲姿势,右手握一根长绳;做单臂上下抖动练习,身体重心在垂线上做上下移动,动作幅度要大,身体尽量充分伸展。动作熟练后也可两手分别握一根长绳,两臂上下交替抖动长绳,练习4~6次,每次持续10~15秒,次间休息2分钟。

(三)杠铃杆训练

1. 杠铃杆左右过肩轮摆

面对器材,两脚开立略比肩宽,将杠铃杆的一端置于万向节或地面的凹槽中,两手紧握杠铃杆的另一端置于身体右侧;臀大肌充分发力并转髋,躯干顺势快速旋转带动杠铃杆从身体右侧经头部前上方到达身体左侧,杠铃杆到达最高点时,髋、膝、踝三个关节充分蹬伸;短暂停顿后再快速沿原路线返回起始位置,然后重复上一次动作。练习4~6组,每组做8~12次,组间间歇2~3分钟。

2. 杠铃杆侧向旋转

侧对器材,两脚开立略比肩宽,膝关节约成120°,头、肩、臀成一条直线,将杠铃杆的一端置于万向节或地面的凹槽中,双手紧握杠铃杆的另一端置于体前；臀大肌充分发力并转髋，躯干快速向背侧旋转，杠铃杆到达最高点时，髋、膝、踝三个关节充分蹬伸，腰背收紧，肘关节伸直；短暂停顿后再沿原路线返回起始位置，重复上一次动作。练习 4～6 组，每组做 8～12 次，组间间歇 2～3 分钟。两侧交替进行练习。

第九章　不同运动项目青少年运动员体能训练方略

不同运动项目对运动员的体能有着不同的要求,因此,在针对青少年运动员开展的体能训练中要做到因项目而异,体能训练要抓住运动专项的特点,如此才能获得良好的效果。本章就对不同运动项目的青少年运动员体能训练方法进行指导。

第一节　田径运动员专项体能训练

一、田径走跑项目专项体能训练方法

（一）走跑项目力量素质训练方法

（1）踝屈伸跳:正常站立后起跳,跳起后足尖向上用力翘起。

（2）直膝大步走:左右腿交替迈大步走,脚从后脚跟到前脚掌依次落地,直至全脚掌着地。然后随着身体重心的前移,后脚跟离地,前脚掌后蹬,两腿交替进行。要求在做该练习时两腿膝部始终保持伸直状态,两臂随步伐自然摆动。

（3）体前屈直膝大步走:身体弯曲与地面平行,两腿膝部伸直交替迈大步走,脚从后脚跟到前脚掌依次落地,直至全脚掌着地。然后随着身体重心的前移,后脚跟离地,前脚掌后蹬,两腿交替进行。要求在做该练习时两腿膝部始终保持伸直状态,两手协同分别触足内侧。

（4）沙地竞走:在沙地上进行竞走训练。要保持相对正确的竞走姿势,两臂自然摆动配合步伐。

（5）单腿过栏架跑:在场地中摆放 8 ~ 10 个高度为 30 ~ 40 厘米的栏架,栏架间的距离为 1 米。摆动腿在栏架一端摆动越过栏架,支撑腿在栏架外侧伸直。

（6）双腿过栏架跑：在场地中摆放 8 ～ 10 个高度为 30 ～ 40 厘米的栏架，栏架间的距离为 1 米。双腿以高抬腿跑的方式连续越过栏架，要求每次在栏架之间双脚落地后再开始对下一个栏架的跨越。

（7）弓箭步纵跳：准备姿势为弓箭步，然后垂直跳起，落地时仍旧呈弓箭步的姿势，双腿交替练习。要求交替练习的过程中没有停顿，双手可叉腰或随跳自然摆动。

（8）拖轮胎跑：将轮胎系在训练者的腰部，然后拖动轮胎跑。要求在跑进时不能改变标准技术动作，轮胎重量的选择要适宜。

（二）走跑项目耐力素质训练方法

（1）不同距离和强度的间歇跑训练。具体的距离和强度标准见表 9-1。

表 9-1　不同距离的不同强度间歇跑训练表

距离（米）	强度（％）	间歇跑次数	练习组数	间歇跑休息时间	组间休息时间（分）	每次开始练习心率（次/分）
60	90 ～ 95	4 ～ 6	4 ～ 6	30 ～ 60 秒	3 ～ 5	120
100	85 ～ 90	5 ～ 6	3 ～ 4	60 ～ 90 秒	6 ～ 8	120
150	80 ～ 90	4 ～ 5	3 ～ 4	2 ～ 3 分	7 ～ 9	120
200	80 ～ 90	3 ～ 5	3 ～ 4	2 ～ 4 分	8 ～ 12	120
300	80 ～ 90	2 ～ 4	2 ～ 3	2 ～ 5 分	10 ～ 15	120
600	75 ～ 85	2 ～ 3	2 ～ 3	4 ～ 6 分	15 ～ 18	120

（2）持续跑：见表 9-2。

表 9-2　持续训练参照表

练习目的	持续时间	强度	心率（次/分）
调整、恢复体力	30 ～ 50 分钟	小强度	120 ～ 150
提高有氧耐力	50 ～ 90 分钟	中等强度	150 ～ 180
提高承受大负荷的能力	90 ～ 120 分钟	小、中等强度	120 ～ 150 ～ 180
提高力量耐力	不能再做为止	小、中等强度	120 ～ 150 ～ 180

（3）重复跑：重复跑练习需要依据设定好的强度进行，当出现运动疲劳后应给予适当的休息时间，待疲劳充分恢复后再进行同等强度的训练。

重复跑训练应安排 2 ~ 3 组,每组在 3 ~ 4 次,组间休息 10 ~ 20 分钟。具体的重复跑训练标准见表 9-3。

表 9-3 重复训练的练习参照指标表

练习目的	练习时间	练习强度	间歇时间	重复次数
提高有氧耐力	8 ~ 15 分	最大强度、大强度	中、长	少
提高无氧耐力	2 秒 ~ 100 秒	极限强度、最大强度	短	少
提高混合耐力	2 ~ 10 分	最大强度、大强度	中	少
提高专项耐力	15 秒 ~ 1 分	大强度	长	少

(4)间歇跑训练:间歇跑训练需要依据设定好的距离、强度、间歇时间、次数和休息时间进行。休息的时间并不应使运动员的疲劳完全得到恢复,即可开始下一次练习,休息结束的标准为运动员的心率低于 120 ~ 130 次 / 分。具体的间歇跑训练标准见表 9-4。

表 9-4 不同类型的间歇练习法参考表

练习目的	练习时间(分)	练习强度	间歇时间	重复次数
提高有氧耐力	8 ~ 15	小强度	长	较少
提高无氧耐力	8 秒 ~ 2 分	最大强度或大强度	短	多
提高混合耐力	2 ~ 8	中等强度	中	中
提高专项耐力	8 秒 ~ 15 分	大强度	短、中、长	少、中、多
提高力量耐力	8 秒 ~ 15 分	中等强度	短、中、长	多

(5)不同距离变速跑:采取的不同距离与速度的跑,可设置为 300 米快跑＋200 米慢跑＋200 米冲刺跑,练习安排为 2 ~ 3 组,每组 3 ~ 4 次。

(6)不同距离与方式跑的安排组合如下。

① 100 米平跑 +200 米跨栏跑,练习安排为 3 ~ 5 次。

② 200 米平跑 +200 米跨栏跑,练习安排为 3 ~ 5 次。

③ 200 米平跑 +300 米跨栏跑,练习安排为 3 ~ 5 次。

④ 200 米跨栏跑 +100 米平跑,练习安排为 3 ~ 5 次。

⑤ 200 米跨栏跑 +200 米平跑,练习安排为 3 ~ 5 次。

⑥ 200 米跨栏跑 +300 米平跑,练习安排为 3 ~ 5 次。

⑦ 300 米跨栏跑 +100 米平跑,练习安排为 3 ~ 5 次。

⑧ 300 米跨栏跑 +200 米平跑,练习安排为 3 ~ 5 次。

⑨ 400 米跨栏跑 +100 米平跑,练习安排为 3 ~ 5 次。

（三）走跑项目速度素质训练方法

（1）越野跑练习：练习应持续 1 小时；跑进的速度不限，但应充分结合慢速、中速、快速的跑速，运动员在训练中的心率应控制在 150 ～ 170 次 / 分钟。

（2）仰卧交叉摆腿送髋练习：练习应持续 20 分钟，以竞走的姿势为基础，行进间加入转髋交叉走的动作。

（3）100 米跑训练：进行 100 米跑练习，练习安排 6 组。

（4）小步高频走练习：小步高频走练习的组合如下。

①60 米走练习，安排 10 组。

②直径约 6 米的"8"字竞走练习，安排 15 分钟。

③上下坡竞走，安排 20 组。

④弯道竞走，安排 20 组；"S"形竞走，安排 10 组；100 米竞走，安排 3 组。

⑤变频变速竞走，安排 20 圈。

⑥竞走 400 米练习，安排 6 组。

（5）15 分钟体前屈竞走练习。

（6）绕圆竞走练习：圆的直径设置为 10 米，注意在过程中控制自身的重心。

（7）负重走 5 000 米：可通过穿沙衣、腿绑沙袋的方式增加负重。

（8）原地快速踏步结合快速跑练习：先在原地进行 10 秒的快速踏步，再进行 20 ～ 30 米的加速跑，练习安排为 3 ～ 5 组。要求在跑中保持较快的步频。

（9）加速跑与追赶跑练习：两种跑的练习距离均为 30 ～ 60 米，练习安排为 3 ～ 5 组。

（10）上坡追赶跑练习：该练习方式有追赶跑、高抬腿跑和后蹬跑三种，练习距离均为 30 ～ 60 米，练习安排为每种方式 3 ～ 5 组。

（11）起跑结合加速跑练习：以站立式起跑为准备动作，起跑后进行 30 ～ 60 米的加速跑，练习安排为 5 ～ 6 组；以蹲踞式起跑为准备动作，起跑后进行 30 ～ 60 米的加速跑，练习 5 ～ 6 组。

（12）节奏跑练习：跑动距离为 40 ～ 60 米，练习安排为 5 ～ 6 组。

（13）放松大步跑练习：跑动距离为 60 ～ 120 米，练习安排为 4 ～ 6 组。

（14）水中高抬腿跑练习：在深度及腿的水池中做高抬腿跑练习，跑动距离为 30 ～ 40 米，练习安排为 5 ～ 6 组；在深度及腿的水池中做高抬腿跑练习,跑动距离为 30 ~ 40 米,练习安排为 5 ~ 6 组。

（15）行进间跑练习:跑动距离为 30 ~ 60 米,练习安排为 4 ~ 8 组。

（16）上坡跨练习:3 ~ 6 栏,练习安排为 4 ~ 6 组。

（17）高抬腿跑练习:跑动距离为 40 ~ 60 米,练习安排为 3 ~ 5 组;

（四）走跑项目柔韧素质训练方法

（1）脚趾上部拉伸:两腿分开,一前一后,前腿膝部微屈,以脚趾支撑身体重心,如此拉伸。双脚交替练习。起初可由小强度的拉伸开始,适应后再逐渐加大拉伸的强度,在最大强度下保持动作 10 秒左右。

（2）脚趾下部和小腿后部拉伸:训练者面墙而站,两脚分开,一前一后,距离约 50 厘米,前脚与墙的距离约 50 厘米。双手扶墙,身体向墙的方向前倾。后脚脚尖朝墙,全脚掌着地。然后提后脚脚跟,身体重心移到后脚前脚掌,下压拉伸。双脚交替练习。起初可由小强度的拉伸开始,适应后再逐渐加大拉伸的强度,在最大强度下保持动作 10 秒左右。

（3）跪撑后坐:取跪姿,双手撑地,双脚并拢,脚掌着地。然后臀部向后下方移动,拉伸脚步。起初可由小强度的拉伸开始,适应后再逐渐加大拉伸的强度,在最大强度下保持动作 10 秒左右。

（4）踝关节向内拉伸:取坐姿,将一腿的小腿搭在另一腿的大腿上。双手对搭在上面的腿一只抓小腿,另一只抓脚外侧。然后向内拉引踝关节外侧。双腿交替练习。起初可由小强度的拉伸开始,适应后再逐渐加大拉伸的强度,在最大强度下保持动作 10 秒左右。

（5）扶柱屈髋:训练者面柱而站,双手扶柱,双脚分开,一左一右,脚尖最大限度内旋。然后屈髋,过程中髋关节向后移动,双腿要与躯干至少成约 45° 的夹角,以此拉伸。起初可由小强度的拉伸开始,适应后再逐渐加大拉伸的强度,在最大强度下保持动作 10 秒左右。

（6）靠墙滑动踝内翻:训练者背墙而站,双手叉腰,双脚逐步向前挪动,踝关节和脚掌内翻。然后髋关节前屈拉伸。起初可由小强度的拉伸开始,适应后再逐渐加大拉伸的强度,在最大强度下保持动作 10 秒左右。

（7）扶墙拉小腿:训练者面墙而站,双脚左右分开,与肩同宽,两脚脚尖内旋,双手直臂扶墙。身体正直,屈肘,身体向墙倾斜拉伸,直到头和肘与墙面相贴,过程中脚跟始终贴地。起初可由小强度的拉伸开始,适应后再逐渐加大拉伸的强度,在最大强度下保持动作 10 秒左右。

（8）仰卧足内翻:取仰卧位,移动臀部贴住墙,双腿向上伸展分开。然后内翻双脚。起初可由小强度的拉伸开始,适应后再逐渐加大拉伸的强度,在最大强度下保持动作 10 秒左右。

（9）直膝分腿坐压腿：取坐姿，双腿伸直分开较大的角度，上体向一侧腿的方向下压，争取贴到腿上。两腿交替练习。要求充分伸展双腿和腰部。起初可由小强度的拉伸开始，适应后再逐渐加大拉伸的强度，在最大强度下保持动作 10 秒左右。

（10）弓箭步拉伸：取站姿，两腿呈弓箭步站立，后脚外旋 90°，前脚继续前移，给予后脚较大的拉伸力。双腿交替练习。起初可由小强度的拉伸开始，适应后再逐渐加大拉伸的强度，在最大强度下保持动作 10 秒左右。

（11）体侧屈压腿：取站姿，在一个约与髋同高的台子旁侧向站立，一只脚搭在台子上，身体向台子一侧做侧屈动作给予腿部牵拉。起初可由小强度的拉伸开始，适应后再逐渐加大拉伸的强度，在最大强度下保持动作 10 秒左右。

（12）肋木大腿滑拉：面对肋木站立，双手扶肋木，将一腿搭于肋木上，然后滑动支撑腿施加牵拉力至最大限度。起初可由小强度的拉伸开始，适应后再逐渐加大拉伸的强度，在最大强度下保持动作 10 秒左右。

（13）青蛙伏地：取跪姿，两腿分开，脚趾朝向体外侧，两臂屈肘以肘关节着地。然后两腿继续向两侧分，与此同时双臂前伸直至胸和上臂贴地。起初可由小强度的拉伸开始，适应后再逐渐加大拉伸的强度，在最大强度下保持动作 10 秒左右。

（14）坐压腿：取坐姿，两腿分开，一腿屈膝，脚跟贴大腿。然后上体向伸展腿的一侧下压施加牵拉力。两腿交替练习。起初可由小强度的拉伸开始，适应后再逐渐加大拉伸的强度，在最大强度下保持动作 10 秒左右。

（15）坐拉引：取坐姿，双腿体前伸展，双手支撑于髋后两侧。一腿屈膝，以一手抓住脚跟内侧，然后屈膝腿伸展，直到与地面垂直。两腿交替练习。起初可由小强度的拉伸开始，适应后再逐渐加大拉伸的强度，在最大强度下保持动作 10 秒左右。

（16）站立拉伸：取站姿，背贴墙壁，直膝抬一腿，辅助者抓住其踝关节上部后向上举。起初可由小强度的拉伸开始，适应后再逐渐加大拉伸的强度，在最大强度下保持动作 10 秒左右。

（17）仰卧拉伸：取仰卧位，直膝抬一腿，辅助者固定另一腿，并继续给抬起的腿施加牵拉力。起初可由小强度的拉伸开始，适应后再逐渐加大拉伸的强度，在最大强度下保持动作 10 秒左右。

（18）站立伸背：取站姿，上体前倾 90°，双手扶栏杆。然后上体下压，低于手的位置，使背部下凹形成背弓。起初可由小强度的拉伸开始，适应后再逐渐加大拉伸的强度,在最大强度下保持动作10秒左右。

（19）坐立拉背:取坐姿,弯曲双膝,上体贴于大腿上部,双手抱腿。然后上体前倾,双臂向前拉,过程中双脚应始终保持贴地。起初可由小强度的拉伸开始,适应后再逐渐加大拉伸的强度,在最大强度下保持动作10秒左右。

（20）仰卧团身:取仰卧姿势,双腿抬腿屈膝,双脚贴于臀部,双手扶膝关节下部。然后双手将双膝向胸部和肩部拉动,直至髋部被提起到最大限度。起初可由小强度的拉伸开始,适应后再逐渐加大拉伸的强度,在最大强度下保持动作10秒左右。

（21）向内拉肩:取站姿或坐姿,一臂肘关节抬起到与肩同高,另一臂抬起后手抓住对侧肘关节,然后向后拉伸。换臂重复练习。起初可由小强度的拉伸开始,适应后再逐渐加大拉伸的强度,在最大强度下保持动作10秒左右。

（22）背向压肩:背墙站立,两臂经下方向后抬起扶墙,高度与肩齐平。然后逐渐缓慢屈膝降低肩高,以此拉伸。起初可由小强度的拉伸开始,适应后再逐渐加大拉伸的强度,在最大强度下保持动作10秒左右。

（23）向后拉肩:取站姿或坐姿,两臂经下方向后抬起,于背后合掌。然后逐渐缓慢向上移动双手至最大限度。起初可由小强度的拉伸开始,适应后再逐渐加大拉伸的强度,在最大强度下保持动作10秒左右。

（24）背后拉毛巾:取站姿或坐姿,一臂抬起,肘关节与头部高度齐平,另一臂背在身后,置于腰背部。然后双手握毛巾,逐渐缓慢缩短两手间的距离。两臂交替练习。起初可由小强度的拉伸开始,适应后再逐渐加大拉伸的强度,在最大强度下保持动作10秒左右。

二、田径跳投项目专项体能训练方法

（一）跳投项目力量素质训练方法

对于跳跃和投掷类运动项目的力量素质训练来说,除看重本身的力量素质外,对速度力量和爆发力的训练也是同等重要的,当然这两点素质也是建立在一般力量素质训练的基础之上的。具体的跳跃和投掷项目的力量素质训练方法如下。

（1）快挺杠铃:运动者取站姿,两脚前后开立,两手握杠铃置于胸前,宽度与肩齐平,然后向斜上方做挺举动作。该练习要求动作连贯,有一定速度。

（2）快推杠铃：运动者取站姿，两脚前后开立，两手正握杠铃置于胸前，宽度与肩齐平，然后向前快速平推杠铃。该练习要求动作连贯，有一定速度，双腿可做前后交叉练习配合手上动作。

（3）宽握距引体向上：运动者用宽握距正握（也可用反握）单杠，做引体向上。引体向上时下颌要高过横杠甚至把横杆拉至乳头一线，以最有效地发展背阔肌。上拉时注意不要摆动或蹬腿，脚上可系重物，反复练习。

（4）窄握距引体向上：运动者两手间隔不超过 10 厘米，掌心朝下，屈腕成钩，钩住单杠。从悬挂姿势开始，向上拉起至下颌过横杠。两肘关节保持在较高位置，以肘关节为轴心，上臂慢慢放下 10～15 厘米，然后再向上拉起，直至颈部触及横杠。反复练习。

（5）颈后宽引体向上：运动者宽握距正握横杠悬空，然后迅猛地将身体拉起，直到颈背部高过横杠，反复练习。

（6）俯卧撑起击掌：运动者取俯卧位，双手双脚撑地，身体始终保持正直，然后做俯卧撑练习，在撑起身体后双手在空中完成击掌动作，然后迅速再度支撑身体，如此反复进行。

（7）仰卧起坐：运动者取仰卧位，两手抱头，辅助者固定其两脚，然后屈身坐起，身体尽量前探，然后还原，如此反复练习。

（8）仰卧举腿：运动者取仰卧位，两手放在身体旁，然后两腿伸直向上举，举至与地面成垂直角度后下落，如此反复练习。

（9）仰卧两头起：运动者去仰卧位，两臂和两腿同时上举，碰触于体前上方，然后还原，如此反复练习 15～20 次。

（10）负重伸小腿：运动者坐在腿伸展练习器一端，脚背前部放在圆柱垫子下面，两手抓住臀后方的两侧。股四头肌收缩，使小腿向斜上方伸起。随着小腿伸展，上体稍向后仰，以便使腿部最大限度地伸展。两腿完全伸直后坚持 2 秒钟，再还原重新开始。此练习也可坐在山羊或高凳上，足钩住壶铃或挂上重物，做伸小腿动作。也可在练习器上做腿蹬出动作。

（11）负重抬大腿：运动者两手扶墙或扶住同伴的肩，上体前倾成支撑姿势，左膝扎橡皮带，另一端固定在体后的杠柱上。左腿做抬大腿动作，右腿积极蹬直，两腿交替反复练习。

（12）弓箭步快速传接实心球：同伴之间保持 3～4 步的距离相对站立。一人双手持实心球，一条腿屈膝、屈髋前迈并缓缓落地。前面腿的大腿与地面平行，膝关节弯曲 90°，并且不超过脚尖的垂线。在脚落地前把实心球传给同伴，接球时前面的脚蹬地恢复开始姿势。

（二）跳投项目速度素质训练方法

对于跳跃和投掷类项目的速度素质训练更多为对动作速度的训练。所谓的动作速度,是指运动者以最快的速度完成单一或组合动作的能力。影响动作速度的因素很多,如准备状态、动作熟练度、身体协调性、快速力量素质等。动作速度素质的提升也要建立在速度素质训练的基础之上,下面就列举一些常用的适合跳跃和投掷类项目的速度素质训练方法。

（1）快速体前屈:运动者取仰卧位,开始后上体前屈,胸部尽量靠近大腿,反复进行。

（2）快速提膝:运动者以跪撑作为准备姿势,开始后腿部快速蹬地,立即由跪撑提膝成俯撑。两腿交替进行。

（3）跳绳:单人单足或双足跳绳,摇绳速度为由慢变快,再由快变慢,或采取不规则变速的方式联系。

（4）跨步跳:向前做跨步跳练习,重点在步幅,跳跃的高度适当即可。

（5）单脚跳:运动者做单脚跳练习,跳跃的高度适当即可,步长大于正常跑进。

（6）连续蛙跳:运动者做连续蛙跳练习。空中动作与立定跳远类似,要确保动作的连贯性。

（7）跳深:横向摆放高 60 ~ 80 厘米的跳箱 8 ~ 10 个,跳箱之间间隔距离为 1 米。开始后,运动者从跳箱上跳下,再跳上下一个跳箱,依次进行。

（三）跳投项目耐力素质训练方法

一般对于跳跃和投掷类项目来说基本对运动者的耐力没有太多的要求,这是运动项目特征决定的。这类项目对运动者耐力素质的要求主要在速度耐力和力量耐力两方面上,而这基本也属于肌肉耐力的训练范畴。为此,针对这类训练采用速度力量训练的方法也能收到理想的效果。

（1）1 分钟立卧撑:运动者由直立姿势开始,下蹲两手撑地,伸直腿成俯撑,然后收腿成蹲撑,再还原成直立。每次做 1 分钟,练习安排为4 ~ 6 组,间歇 5 分钟,强度为 50% ~ 55%。

（2）重复爬坡跑:在 15° 的坡道上进行爬坡跑练习,练习安排至少 5 次,每次跑进的距离不低于 250 米,每组间隔时间设置为 3 ~ 5 分钟,运动强度为 60% ~ 70% 最大摄氧量。

（3）沙滩跑:在沙滩上做变速跑练习,练习安排至少 5 组,每组

500 ～ 1 000 米。为了增加运动负荷,可要求运动者着沙背心。

（四）跳投项目柔韧素质训练方法

（1）背向压肩:运动者背对墙站立,两臂向后抬起扶在墙上,然后逐渐向上摸,直至高度与肩齐平。为增加负荷可采取屈膝的方式来降低肩部高度。

（2）内向拉肩:运动者取站姿或坐姿,右臂向左侧伸出,左臂抵住右臂肘关节,牵引其继续向左侧拉伸。两臂互换练习。

（3）单臂开门拉肩:运动者站于门中间,两脚前后分开,拉伸臂肘关节弯曲与肩齐高抵住门框,小臂向上,手心对墙,然后上体向另一侧转动牵拉肩部。两臂互换练习。

（4）上臂颈后拉:运动者取站姿或坐姿,左臂上举后屈肘,左手落于肩胛处,左肘在头侧,右臂屈肘上举,在头后抓住左臂肘关节向下后方牵拉。两臂互换练习。

（5）台上侧卧拉引:运动者取侧卧姿势,上侧腿伸直后移,静止在空中。两腿交换练习。

（6）垫上前后分腿:运动者取坐姿,双腿体前伸展,身体与双腿呈90°,双手放在身体两旁支撑。右大腿外展后屈膝,此时右脚抵在左腿膝部。然后双臂撑起身体,左腿向身后伸展,保持大腿上部、膝盖、胫前部和脚掌内侧接触垫子。

（7）身体扭转侧屈:运动者取站姿,左腿伸展后内收,在右腿前与右腿交叉,身体右侧屈,双手尽力碰触左脚跟。维持一段时间后换另一侧继续练习。

（8）上体俯卧撑起:运动者取俯卧姿势,双手在身体两侧撑地,将身体尽量撑离地面,躬身,头后仰,成背弓状。

（9）开门拉胸:运动者站于门中间,双脚前后开立,拉伸臂肘关节弯曲与肩齐高抵住门框,小臂向上,手心对墙,然后身体向前倾牵拉胸部。

（10）站立拉伸:运动者背靠墙站立,一腿伸直向上抬起,辅助者用抓住抬起的腿的踝关节向上牵拉。

（11）直膝分腿坐压腿:运动者取坐姿,双腿尽量分开,然后身体压向一侧腿,如此交替进行压腿。

（12）坐立后仰腿折叠:运动者取跪立坐姿,开始后身体后倒躺在垫上,脚跟贴于大腿两侧,脚尖向后。以此动作停留一段时间。

第二节　球类项目运动员专项体能训练

球类项目众多,本节主要以足球运动为例进行论述。

一、足球运动力量素质训练方法

力量素质对于从事足球运动的运动员来说是非常重要的一项身体素质,其水平的高低不仅决定了技术能力,还直接影响在实战中的对抗环境下技术运用的稳定性。下面就具体对足球运动的专项力量素质的训练方法进行指导。

（一）分部位力量素质训练方法

1. 发展上肢和肩背力量素质的训练方法

（1）前抛实心球练习。

（2）在双杠上做双臂屈伸、前后移动等练习;在单杠上做引体向上练习。

（3）俯卧撑。进行俯卧撑练习,在此基础上可加入向侧方移动的俯卧撑练习。

（4）在颈桥练习,在此基础上加入推举哑铃等动作。

（5）两人一组,做重叠俯卧撑。一人在地面上保持俯卧撑撑起时姿势,另一人在其背上做俯卧撑练习,熟练后可两人同时做俯卧撑练习。

2. 发展腰腹力量素质的训练方法

（1）做仰卧起坐练习、仰卧举腿练习和仰卧两头起练习。

（2）做侧卧体侧屈练习和俯卧体后屈练习。

（3）做跳起空中转体练习。

（4）做俯卧撑练习,撑起后收腹收腿,再伸直复原,如此往复。

（5）悬垂双腿划圆练习。

（6）在肩部负重的条件下做体前屈练习。

3. 发展腿部力量素质的训练方法

（1）做长传练习或大力射门练习。

（2）做蛙跳或连续单腿跳。

（3）做立定跳远或助跑跳远练习。

（4）做单脚、双脚连续向前、向侧跳台阶练习。

（二）力量素质综合训练方法

（1）对抗力量练习：安排一攻一防两名训练者，进攻者持球护球，防守者利用各种力量性防守动作抢球，如合理冲撞、贴身逼抢、身体挤压等动作。

（2）负重练习：采用负重的方法，增加运动负荷，以发展力量素质。

二、足球运动速度素质训练方法

速度素质对于占据足球运动的优势来说是非常重要的，运动员能在快速中顺畅完成技战术动作是获得场上主动权的关键。现代足球发展的趋势也更加突出了速度的优势地位。下面就具体对足球运动的专项速度素质的训练方法进行指导。

（一）一般速度训练方法

（1）动作速度的训练方法：做下坡跑、顺风跑、牵引跑等练习，重在提高运动员的动作频率。做短距离、多方向的绕障碍跑练习，重在提高运动员对重心的控制能力。

（2）反应速度的训练方法：以在运动员不同身体姿态下的起动练习作为训练方法。

（3）移动速度的训练方法：以不同速度的变速跑练习为训练方法，关键在于有效提高运动员的步频。

（二）综合速度训练方法

借助局部战术训练来发展运动员的专项速度素质。具体训练方法如下。

（1）做变速、全速、变向运球跑练习。

（2）根据教练员手势做多种准备姿势的起跑练习，起跑后跑动距离在 20 米左右即可。

（3）在颠球、传接球、慢速跑等活动中根据教练员手势做突然起动练习，起动后跑动距离在 10 米左右即可。

（4）在快速跑过程中根据教练员手势做急停、变向、转身、跳跃等动作。

（5）在划定的较小区域内做二对二、三对三传抢练习。

（6）两人或多人一组,在奔跑中完成传接球练习。

三、足球运动耐力素质训练方法

据现代足球比赛临场信息采集系统的数据分析可以得知,在一场高水平的足球比赛中,一名球员的全场跑动距离将近8 ~ 10千米,其中全速快跑和冲刺约有5分钟,中速跑25 ~ 35分钟,慢跑和走45 ~ 55分钟,快速完成技战术动作数百次,这需要运动员有很高的耐力水平。如果运动员没有良好的耐力,就很有可能在比赛中出现体力、脑力、感觉、情绪诸方面机能下降的情况,如此会使其动作不到位,不能充分发挥技、战术水平,甚至造成对自身的伤害事故的发生。下面就具体对足球运动的专项耐力素质的训练方法进行指导。

（一）有氧耐力训练方法

在足球运动的专项耐力训练中,有氧耐力练习可结合球或基本技、战术组织安排。注意训练时间、训练强度应遵从有氧耐力发展的基本原则。具体训练方法如下。

（1）12分钟跑。

（2）100 ~ 200米间歇跑,400 ~ 800米的变速跑。

（3）进行3 000米、5 000米、8 000米、10 000米等不同距离的定时跑或越野跑。

（二）无氧耐力训练方法

发展无氧耐力的有效练习手段是间歇训练法,训练过程中应注意掌握合理的运动时间、间歇时间及运动强度。具体训练方法如下。

（1）进行重复多次的39 ~ 60米冲刺跑练习。

（2）进行100 ~ 400米高强度的反复跑和做1 ~ 2分钟的极限动作练习。

（3）进行5米、10米、15米、20米、25米折返跑练习。

（4）不同人数传抢球练习。规定时间,1/4场地4对4传抢,1/2场地6对6传抢,全场9对9传抢。

四、足球运动灵敏素质训练方法

尽管在足球运动中灵敏素质相对于力量、耐力和速度等素质看起来没有那么重要，但出色的灵敏素质可以为运动员的小技术发挥以及自我保护等方面带来帮助。灵敏素质水平的取决因素众多，它依赖于运动员的观察力、判断力、协调性和反应速度。为此，对足球运动专项灵敏素质的训练就应与足球运动的特点紧密结合。下面就具体对足球运动的专项灵敏素质的训练方法进行指导

（1）做身体多部位颠球练习。

（2）做带球跑练习。跑动中要结合变速、变向。娴熟后可加入一些虚晃、急停变向、假动作等技术。

（3）做带球过杆、绕障碍练习。

（4）做冲撞躲闪练习。安排两人一组做慢跑，根据教练指令其中一人冲撞另一人，另一人躲闪以避免被冲撞。

（5）做虚晃摆脱练习。安排三人一组，甲负责传球，乙防守丙，丙利用各种假动作力求摆脱乙的防守。甲与丙的距离要在 5 米之内，乙要采取积极的态度进行防守。三人角色轮换练习。

五、足球运动柔韧素质训练方法

柔韧素质在足球运动中并不算是主导性的身体素质，但是在一些较有难度的足球技术动作中仍旧需要依靠身体柔韧素质来完成，与此同时，它还对发展其他素质、避免损伤具有重要意义。

在足球柔韧素质训练实践中，应将静力拉伸训练和动力拉伸训练结合起来，在不同的情况下采取不同训练方法。高校足球柔韧素质训练方法具体如下。

（1）做脚尖、脚内侧、脚外侧行走练习。

（2）以膝关节为轴，做小腿用力向后踢、内踢、外踢的练习。

（3）做弓步、踢腿、仆步压腿、下腰练习。

（4）做各种踢球、顶球和抢截球等技术动作练习。

（5）模仿内扣、外扣动作，单腿连续做内转、外转。

（6）模仿和结合球的大幅振摆腿、铲球、摆腿、踢侧身凌空球、倒勾射门等练习。

第三节　游泳运动员专项体能训练

一、游泳运动力量素质训练方法

游泳运动的专项力量训练分两大类,即陆上和水上力量训练。

（一）陆上力量训练法

陆上拉力力量训练常用橡皮筋拉力、等动拉力、滑轮拉力、弹簧杠杆拉力等,主要发展专项的最大力量、快速力量和力量耐力。

1. 最大力量拉力训练法

最大力量拉力训练是 50 ～ 100 米短距离游泳主要力量训练内容,同时对强化正确动作也极其有利。由于最大力量拉力训练的牵引力较大,所以拉力练习过程中固定好身体位置和姿势不容忽视,除克服身体体重的滑轮板练习时身体可平卧滑板上外,其他拉力练习都应采用坐或站立的身体姿势。优秀练习者能拉自己体重的 15% ～ 20%,男子约 18 公斤,女子约 13 公斤。短距离、中距离项目练习者一组 20 ～ 30 次,长距离项目练习者要坚持拉 1 分钟。

2. 力量耐力拉力训练法

力量耐力拉力训练以动作次数多或持续时间长作为评价指标,负荷量为 4 ～ 8 公斤,一般要求每次拉 100 ～ 300 次或持续拉 5 ～ 20 分钟。长时间多次的拉力训练要强调动作正确规范,保持动作幅度,动作放松。

3. 快速力量拉力训练法

快速力量拉力训练强调动作速度。拉力负荷为自己体重的 10% 左右,动作速度(动作频率)要接近或稍快于比赛动作频率,爬泳、仰泳 10 个动作 4 ～ 6 秒,蝶泳、蛙泳 5 个动作 4 ～ 6 秒。每次拉的次数与专项距离的动作次数基本一致,50 米 20 ～ 25 次,100 米 45 ～ 50 次。除用动作次数控制外,也可用时间控制,如在规定的时间内拉多少次。时间的选择一般在 30 秒 ～ 2 分钟之内。每组间歇时间稍长,使下一组练习时得到较好的恢复,一般重复 3 ～ 4 组。

（二）水上力量训练法

水上专项力量训练的方法主要有增大阻力训练和增大推进力训练两种方法。

1. 增大阻力训练法

增大阻力练习主要通过增加游进阻力，或改变体位使划水和打腿负荷增大，达到力量训练的效果，如穿阻力衣、牵拉游、夹板划臂、垂直打腿（负重、徒手）等。游进阻力的大小、持续时间的长短、动作速度的快慢、动作幅度的大小都影响力量训练的负荷。增大阻力练习主要通过提高动作速度来发展速度力量，基本要求是保持划水效果。

2. 增大推进力训练法

增大推进力练习主要通过对水面增大划臂或打腿动作，使阻力增大，提高划水力量。此类练习主要有划水掌、脚蹼等力量训练手段。划水掌、脚蹼的大小，动作幅度、动作速度和游泳速度及持续时间构成了力量训练负荷的因素。增大推进力练习主要发展划臂、打腿的绝对力量，以提高克服阻力的动作速度。增大推进的力量训练负荷要以不破坏技术动作为基本前提，否则力量训练的效果将适得其反。

二、游泳运动速度素质训练方法

在众多身体素质的训练中，速度素质是游泳专项体能训练的重点，这是由游泳运动的特点决定的。通过具体分析可知，关乎运动员游进效率的速度训练可被分为短冲训练、牵引训练、动作频率训练和动作速度训练四种。

（一）短冲训练法

短冲训练的作用在于提升无氧代谢能力，力求使运动员的机体在运动中以磷酸原供能系统的供能为主。短冲训练顾名思义在训练中安排的游泳距离较短，为蹬边 10 ~ 25 米结合出发 15 ~ 25 米，练习安排为 4 ~ 6 组，每组间隔时间设置为 1 分 ~ 1 分 30 秒。

（二）牵引训练法

作为非传统的一种游泳运动训练方法，牵引训练是运动员在借助外力帮助下来提高动作速度,达到预期训练目标,从而给运动员建立起一个新的速度感。牵引训练法成功使用的关键在于要对牵引力与导游速度进行细致研究,这需要以运动员的实际能力为依据,只有这样才能尽力保证运动员在练习中可以发挥出最高速度。牵引训练一般可安排 10 次,每次 50 米,要确保运动员在练习中的速度超过其最快速度的 10% ~ 20%。如果太慢则失去了训练作用,如果过快,也不容易建立运动员的游进速度感。

（三）动作频率训练法

动作频率训练法是一种在不影响划水效果的前提下进行的动作加快练习方式。其中主要有频率节奏训练和最佳频率训练两种方法。

1. 频率节奏训练法

频率节奏训练法的核心是保持合理的动作频率节奏,以此确保既能实现平均分配体能,又能保持正常的游进速度。练习时可将 100 米的距离平均分为四个阶段,每个阶段的频率分别为 5 秒、2.5 秒、3.5 秒、4.5 秒。

2. 最佳频率训练法

实际上,对于游泳运动来说并非是频率越快越好,合理的动作频率应该要与每次划水的效果相结合,因此,太过强调动作频率则会牺牲划水效果,总体上看对速度的提升没有帮助。最佳频率训练法的使用关键在于找到最适合每名运动员的最佳动作频率,这依赖于教练员的水平和观察能力,一定确定适合某位运动员的划频、划距和速度三者的关系,此后就应要求其在这个标准下进行最佳频率的训练。

（四）动作速度训练法

游泳的动作速度主要体现在出发起跳、转身技术动作上。

1. 出发动作速度训练法

出发的快慢决定于反应速度和起跳的动作速度。出发快不能脱离出发效果这个前提,因此,游泳出发技术评定通常用听出发信号游到 10 米或 15 米处的时间作为评定指标。

出发速度训练的主要方法有听不同信号出发反应、出发起跳滑行、完整出发技术练习等。

2. 转身动作速度训练法

转身动作速度训练包括游近池壁、转身、蹬壁滑行三部分。以转身前7.5米至转身后7.5米,共15米的时间作为评价转身技术质量的指标。

转身速度训练主要包括两种:专门转身动作训练,专门练习转身技术动作的速度,如距离池壁10米处练习转身,通过反复练习以提高转身动作速度;综合转身动作训练,指在25米池中的游泳训练,转身多,并且需要在游进过程中做出正确的转身动作的判断,以提高转身速度和质量。

三、游泳运动耐力素质训练方法

发展游泳专项耐力的方法主要有乳酸峰值训练法和耐乳酸训练法两种。

(一)乳酸峰值训练法

游泳运动乳酸峰值训练是以提高练习者最大乳酸水平和乳酸最高水平速度的一种训练方法。现场测试结果表明,游泳练习者产生最高乳酸的距离为100～200米,如果从重复数次的乳酸积累效应分析,训练距离可扩大到50～200米,强度应达到95%以上,心率达到本人的最大心率。

值得提出的是,乳酸峰值训练对练习者机体的刺激强烈,潜在的危险性(导致过度训练)也大,每增加100米的无氧训练量,都会使练习者付出极大的生理代价,从而增加了训练控制的难度。研究认为,无氧糖原酵解类的负荷安排每周不宜超过3次,一次课乳酸峰值训练的最大负荷量不宜超过1 000米。

(二)耐乳酸训练法

游泳运动耐乳酸训练是最艰苦训练的负荷等级。耐乳酸训练使练习者在一次负荷中乳酸达到较高水平,并保持一定时间(重复次数),以提高练习者机体耐受高乳酸,达到最高水平刺激的能力。耐乳酸训练的核心是重复次数、组数与间歇。训练中教师应以练习者个体乳酸水平为准,负荷水平应控制在高于最大吸氧量训练的乳酸值水平。

一般来讲,一次课耐乳酸训练量不应超过2 000米。训练的分段距离通常为100～200米,强度水平应在90%以上,心率达个人心率水平的最大值。

四、游泳运动柔韧素质训练方法

游泳运动柔韧性训练方法的特点是在完成动作过程中,动作幅度达到个人的极限程度,肌肉和韧带尽可能拉长到最大限度(未造成损伤)。游泳运动柔韧性训练的方法主要有以下四种。

(1)动力性拉长,是指在活动中拉长肌肉、韧带的方法。

(2)静力性拉长,是指在定位中拉长肌肉、韧带的方法。

(3)主动练习法,是指练习者自己进行练习的方法。

(4)被动练习法,是指练习者在同伴帮助下进行的方法。

第四节　体操运动员专项体能训练

一、体操运动力量素质训练方法

(一)上肢力量训练

1. 俯卧撑

取俯卧姿势,双手左右分开撑地,距离稍宽于肩。开始后双臂发力将身体从地面撑地,至手臂完全伸展后还原,过程中身体始终应保持正直(图9-1)。可通过抬高脚部的方式增大负荷。

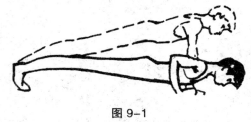

图 9-1

2. 悬垂臂屈伸

悬垂臂屈伸训练的动作较多,如斜站立悬垂臂屈伸、仰卧悬垂臂屈伸、脚垫高成直角悬垂、引体向上等(图9-2)。在做引体向上时可通过改变双手握杠的宽度以及正反手来变换负荷。

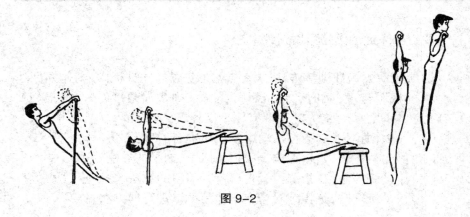

图 9-2

3. 双杠支撑臂屈伸

在辅助者的帮助下完成支撑臂屈伸,娴熟后可自行完成。然后做支撑摆动动作,身体下落过程中前摆臂屈伸,身体前摆或后摆的过程中手臂伸直(图 9-3、图 9-4)。

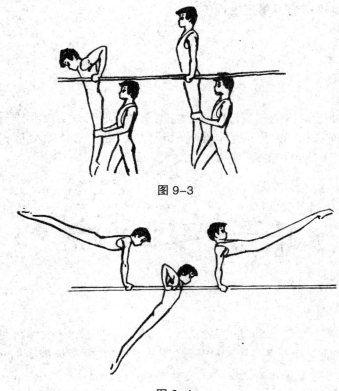

图 9-3

图 9-4

4. 手倒立

先面对墙站立,然后屈身双手撑地,支撑点在墙根外一掌距离,蹬腿翻身起,靠墙倒立。或是在辅助者的帮助下起身成倒立(图9-5)。

图 9-5

（二）体操运动胸、肩力量训练

1. 双球支撑扩胸

在地上相邻摆放两个瑞士球,双手撑在瑞士球上呈俯撑动作,此时身体与地面的角度约为30°。开始时双手向外侧滚动两球,滚动的幅度以刚好能控制住球为标准。然后双臂回收还原,如此反复练习。

2. 瑞士球俯卧撑

双手撑瑞士球做俯卧撑,过程中身体应始终保持正直。可通过将一只脚抬起搭在另一只脚上的方式增加负荷。

3. 俯撑推手击掌

以俯卧撑动作为基础,在撑起身体的过程中双臂以爆发力将身体推离地面,在高点处击掌,然后落地屈肘缓冲身体下落的力量。

4. 坐立推举杠铃

坐在凳子上,双手持杠铃,做举臂上推动作,如此反复练习。

5. 仰卧推举杠铃

取仰卧位,仰卧于凳子上,身体重量落于背部,双脚着地,手持杠铃,做上推杠铃动作,如此反复练习。

6. 负重侧举

取站姿,两腿分开与肩同宽,双手或单手握重物(哑铃等),然后手臂快速外展成侧举,维持一段时间。

(三)体操运动躯干力量训练

1. 仰卧屈伸

取仰卧位,卧于垫子上,双脚搭在瑞士球上,然后顶宽向上伸展,身体除头和肩膀外的部位都应离地,然后缓慢放下臀部直至躯干全部落地,如此反复练习。

2. 仰卧起坐

取仰卧位,两手抱头或双手在头后持重物,再由辅助者固定双脚,做仰卧起坐动作,如此反复练习(图9-6)。

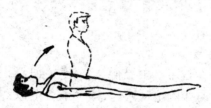

图 9-6

3. 仰卧举腿

取仰卧位,双手放于头上伸直,做仰卧举腿动作。还可伸直手臂抓住同伴的脚用以固定,再行做举腿动作(图9-7)。

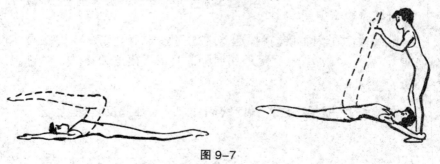

图 9-7

4. 仰卧举腿同时上体前屈

这个动作也叫作"两头起"。起初力量不足或不娴熟时可由辅助者帮助托背和托腿,娴熟后则可自行完成。

5.仰卧举腿绕旋

取仰卧位,两臂侧举,开始后两腿上抬起来后并腿在空中绕环,或是在辅助者的帮助下做仰卧举腿绕旋(图9-8)。

图 9-8

6.仰卧脚夹球转髋

取仰卧位,双臂侧举,两腿抬起后分开,屈膝90°夹住瑞士球,然后做不同方向的转动练习。

7.俯卧两头起

取俯卧位,双臂贴于头两侧,开始后躯干和腿部以臀部为中心分别上抬,头部和颈部保持自然姿势。

8.俯卧体后屈

取俯卧位,由辅助者固定双脚,然后做抬上体动作。或由辅助者固定肩部,做下肢后抬的动作。

9.侧卧身体控腿

取侧卧位,两臂弯曲,前臂撑地,双脚搭在瑞士球上,身体保持正直,维持这个动作一段时间。

10.悬垂举腿

两臂握单杠,屈腿上抬,大腿与地面平行即可,维持一段时间;两臂握单杠,直腿上抬,腿部与地面平行即可,维持一段时间。

11.杠下摆越成吊臂悬垂及还原

两臂握单杠,双腿并拢伸直抬起,从杠下摆过成吊臂,然后再还原(图9-9),如此反复练习。

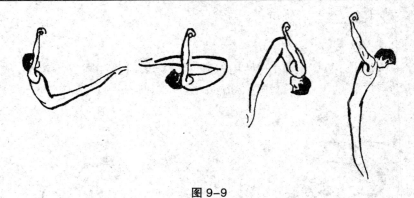

图 9-9

（四）体操运动腿部力量训练

1. 跳上跳下

分腿站立在凳子两侧,开始后两腿同时起跳落于凳上（图 9-10）。另一种练习方法为两腿同时站立在凳子一侧,开始后同时起跳到凳子上,然后再跳到另一侧,如此反复练习。

2. 单、双脚连续跳

练习由两人完成。甲在地上做坐撑,乙两腿分开置于甲两腿的左右侧,开始后乙跳起并腿,同时甲两腿分开,乙再跳起空中两腿分开,甲再并腿,如此反复练习（图 9-11）。

图 9-10

图 9-11

二、体操运动柔韧素质训练方法

（一）体操运动肩部柔韧性训练

1. 转肩

两名练习者面对面站立，双手互相握住，然后一同做向左或向右的连续转体动作。另外，还可单人双手握棍，两臂伸直或弯曲做前后转肩练习。

2. 压肩

练习者面对肋木分腿站立，手扶与胸部同高的一根，做体前屈向下振胸压肩。还可借助辅助者的帮助做向下压肩动作，还可在屈体立撑的动作基础上，由辅助者帮助向下压肩（图 9-12）。

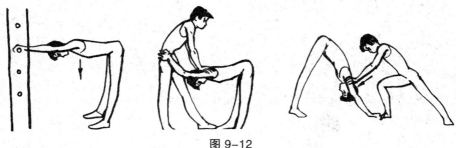

图 9-12

3. 拉肩

两名练习者背靠站立，后各向前迈一步呈小弓步，然后两人双手在头部上后方拉住，同时做振胸拉肩动作。练习者还可以两臂上举固定于辅助者的脖颈，辅助者两手扶其肩背向上推，如此做拉肩练习（图 9-13）。

图 9-13

（二）体操运动腰部柔韧性训练

1. 体前屈、体后屈

练习者两腿分开站立，手臂上举，辅助者在一旁一手扶背，一手握臂，帮助练习者做体前屈或体后屈练习（图 9-14）；练习者取坐姿，由辅助者扶住脚踝，如此进行身体的前屈与后屈练习（图 9-15）。

图 9-14   图 9-15

2. 甩腰

练习者背向山羊做向后甩腰练习（图 9-16）。

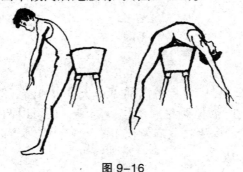

图 9-16

3. 成"桥"

辅助者坐在凳子上，练习者面对辅助者站立，辅助者双手圈住练习者的腰部，练习者向后下腰成"桥"（图 9-17）。

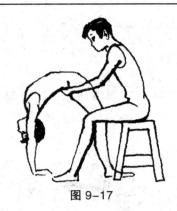

图 9-17

（三）体操运动下肢柔韧性训练

1. 压腿

压腿有正压、侧压与后压三种。正压腿应将搭腿点设定在高于腰的位置，将腿放在这里，然后挺胸下压，过程中支撑腿始终要保持直立状态，两脚脚尖正对前方。侧压腿的要求同正压腿，不同点在于支撑腿的脚尖可稍稍外转，上体下压的方向要确保是向侧。后压腿的方法同正压腿。

2. 劈腿

在练习者前后适当位置放置两个矮箱，练习者一腿前一腿后搭于矮箱上，维持一段时间（图 9-18）。

图 9-18

3. 踢腿

踢腿练习包括前踢腿、侧踢腿和后踢腿三种。前踢腿时上体要保持正直，侧踢腿时要保证两肩不晃动，后踢腿时上体适当后仰。

4. 控腿

控腿有前控腿、侧控腿和后控腿三种。前控腿时要尽力抬起，然后停在前举部位一段时间；侧控腿时上体要保持正直，两肩平稳，腿要与身体几乎在一个侧平面内；后控腿时上体保持正直,举腿一侧的髋不应出现外转动作。

5. 压脚背

取跪坐姿势,两手在身体两侧撑地,然后膝部离地,身体后倒压脚背。还有一种俯撑压脚背的方法,为脚背触地,身体后屈,重心置于脚掌,用力压脚背(图9-19)。

图9-19

三、体操运动灵敏素质训练方法

(一)徒手训练法

(1)连续摆动腿练习:运动者的一条腿做有节奏的前后摆动,另一腿予以配合。

(2)并腿节奏跳练习:两腿并拢按照一定的节奏弹跳。

(3)双人倒立背起练习:一人倒立,另一人背对倒立者站立,用双手握住倒立者的双脚,然后顶背背起倒立者,此时倒立者向前屈身翻越至前方。

(二)轻器械训练法

(1)多部位拍球练习:用身体多个部位做连续拍球练习,部位可以为手、臂、足底等。

(2)多部位弹球练习:用身体多个部位做连续弹球练习,部位可以为手臂、大腿、脚背、头等。

(3)跳绳横移练习:在跳绳的基础上加入向左或向右的移动。

(4)双人交换跳绳练习:双人一同摇绳交换跳绳。

第五节　其他项目运动员专项体能训练

本节主要以击剑运动为例,对其他项目运动员的专项体能训练方法进行指导。

一、击剑运动灵敏协调素质训练方法

灵敏协调素质对击剑运动员来说是非常重要的体能训练项目,这种素质有助于在不损失力量的前提下稳定地改变力量和速度,而快速收缩能力是运动灵敏与协调素质发展的关键。

常见的训练灵敏协调能力的方法有变向跑、看或听信号跑、绳梯练习、六边形跳、小栏架练习等。

二、击剑运动快速力量素质训练方法

击剑运动的技术动作对运动员的快速力量有着较高的要求,而决定快速力量的要素涉及反应速度、动作速度和移动速度,只有将这些具体的速度素质提升起来,才能从整体改善快速力量素质状况,如此有利于运动员的攻防动作顺利完成。为此,下面就对击剑运动的快速力量素质的训练方法进行指导。

（一）提高最大力量的方法

快速力量是一种将速度与力量相结合后的运动素质,因此,要想提升这一素质,就可将着手点放在提升最大力量上,具体的方式见表9-5。

表9-5　提高最大力量的方法

练习方式	持续负荷	逐步增加负荷	广泛施压	集中施压	等动方法
向心运动	√	√	√	√	√
离心运动					√
负荷强度(%)	80	70、80、85、90	60～70	85～95	70
重复次数(次)	3～10	12、10、7、5	15～20	8～5	15
练习组数(组)	3～5	1、2、3、4	3～5	3～5	3
休息间歇(分钟)	3	2	2	3	3

（二）快速伸缩复合训练方法

快速伸缩复合训练方法中包含专项分解动作练习、核心力量练习和跳跃练习等。其中,跳跃练习包含原地连续跳跃、立定跳跃、多级跳跃、跳箱跳跃和跳深跳跃等。

三、击剑运动耐力素质训练方法

常用的击剑运动耐力素质训练方法有变换信号训练、循环训练、间歇训练和持续训练等。

（一）变换信号训练

变换信号训练法主要发展灵敏耐力,包括看信号变换步法练习和听信号刺靶练习等。

（1）看信号变换步法练习:根据灵敏度测试仪的随机信号变换,要求运动员进行4种不同步法的移动,信号的频率为每4秒~6秒一次,每3分钟一组,共4组,间歇2分钟~3分钟。

（2）变换口令刺靶练习:根据口令要求运动员刺向不同的位置,每完成一次退回原点。记录正确完成刺靶的次数（花剑:躯干上分4个区;重剑:躯干2个区,头和脚;佩剑:躯干四个区,头）,每30秒为一组,4组,间歇2分钟;3组~4组为一大组,大组间歇6分钟。

（二）循环训练

循环训练法是指根据不同阶段运动素质训练的具体任务,把练习手段设置为若干个练习站点,运动员按照既定顺序和路线,依次完成每站练习的训练方法,由此发展运动员的一般性力量和专门性力量耐力。循环训练法的结构因素有:每站的练习内容、每站的运动负荷、练习站的安排顺序、练习站之间的间歇、每遍循环之间的间歇、练习的站数与循环练习的组数。举例来说,①实心球俯卧撑20次→②团身跳20次→③15米（或剑道）折返跑（3回）→④跳箱20次→⑤实心球对墙抛球20次→⑥两头起30次→⑦连续蛙跳10次→⑧俯卧负重背起30次→⑨踝关节屈静力抗阻练习20秒→⑩负重提踵（20次）。

（三）间歇训练

间歇训练法主要发展专项耐力，包括间歇跳绳和剑道步法练习等。

（1）双跳绳练习：30秒跳，1分钟间歇，共6组。2组～3组为一大组，大组间歇6分钟。

（2）剑道步法练习：在剑道上进行各种步法练习，如1分钟前后步法移动，3组，间歇2分钟；2组～3组为一大组，大组间歇6分钟。

（四）持续训练

持续训练方法是针对提升一般有氧耐力和基础耐力而来的，其包括长时间跑（30分钟～60分钟）、登山和健美操等。对于大多数运动者来说，有氧耐力的训练显得过于枯燥，为了减少这种枯燥给运动者带来的消极心理影响，可适当变换训练地点，特别是来到户外或山林中进行训练效果更好。而对于负荷强度的变换主要为适时改变跑的方式，如持续跑、匀加速跑、越野跑等。

四、击剑运动核心专门性力量素质训练方法

对击剑运动员施以核心专门性力量素质训练的意义在于能为运动员的核心稳定提供力量支持，并且在诸多技术的运用中能够主动发力，使其在实战中真正高效地运用力量。这种训练是在神经肌肉、生理结构、能量代谢等方面与专项技术动作相适应的，以稳定人体核心部位、控制重心运动、产生力量和传递力量为主要目的的力量能力。

五、击剑运动平衡素质训练方法

击剑运动平衡素质训练是提升运动员身体平衡和总体协调性的过程。常见的击剑平衡素质训练的方法有徒手练习、负重练习和器械练习等。

（1）徒手练习。徒手练习包括单腿平衡练习、单腿摆动平衡练习、单腿支撑闭眼平衡练习、交叉步练习、单腿跳起下落平衡练习等。

（2）负重平衡练习。在徒手练习的基础上增加手持负重的环节。

（3）借助器械练习。在平衡素质训练中可使用的器材有平衡盘、瑞士球等。为此，可安排站立平衡盘练习、双人站立平衡盘互相传接球练习，以及坐立或跪立瑞士球练习等。

参考文献

[1] 尹军,袁守龙.身体运动功能训练 [M].北京:高等教育出版社,
2017.

[2] 王卫星.高水平运动员体能训练的新方法 [M].北京:北京体育大
学出版社,2013.

[3] 杨世勇.体能训练 [M].北京:人民体育出版社,2012.

[4] 谭成清.体能训练 [M].长沙:湖南师范大学出版社,2012.

[5] 张达成.现代体育运动科学训练理论与方法探索 [M].北京:中国
纺织出版社,2017.

[6] 肖涛,孔祥宁,王晨宇.运动训练学 [M].重庆:重庆大学出版社,
2016.

[7] 马萍.运动学基础实训指导与学习指导 [M].北京:人民卫生出版
社,2015.

[8][美] 福伦著;袁守龙,刘爱杰译.高水平竞技体能训练 [M].北京:
北京体育大学出版社,2006.

[9] 美国体能协会著,周志雄译.体能训练设计指南 [M].北京:北京
体育大学出版社,2015.

[10] 李洁,陈仁伟.人体运动能力检测与评定 [M].北京:人民体育出
版社,2005.

[11][美]Jay R · Hoffman 著.周之雄译.体能训练指南 [M].北京:北
京体育大学出版社,2015.

[12] 潘峰.功能性体能训练理论分析与科学方法研究 [M].北京:中
国水利水电出版社,2017.

[13] 李铂,李帅星.实用体能训练方法 [M].北京:化学工业出版社,
2016.

[14] 胡亦海.竞技运动训练理论与方法 [M].北京:人民体育出版社,
2014.

[15] 张英波.现代体能训练方法 [M].北京:北京体育大学出版社,
2006.

[16] 谢敏豪,林文弢,冯伟权.运动生物化学 [M].北京：人民体育出版社,2008.

[17] 张蕴琨,丁树哲.运动生物化学 [M].北京：高等教育出版社,2006.

[18] 王向宏.体能训练理论与方法 [M].北京：北京航空航天大学出版社,2010.

[19] 鲍春雨.功能性体能训练 [M].北京：北京体育大学出版社,2017.

[20] 毛志雄,迟立忠.运动心理学 [M].北京：中国人民大学出版社,2015.

[21] 章红兰.现代体能训练与实务研究 [M].北京：中国原子能出版社,2017.

[22] 商虹.体育心理学 [M].成都：西南交通大学出版社,2010.

[23] 黄鹏.运动体能实训指导 [M].北京：化学工业出版社,2016.

[24] 张雅飞,郝丽娜,路佳.功能性体能训练在高校体育课程改革中的应用性研究 [J].科技资讯,2020,18（01）：159–160.

[25] 韩颖,王鹏.探讨功能性体能训练及其在运动健康中的应用 [J].智库时代,2019（41）：256–257.